紹興大典
史部

民國嵊縣志

3

中華書局

嵊縣志卷十三

風土志 風俗 物產

海門周子曰嵊俗舜禹所過化也本聖賢之教澤繫於本里而成於性夫虞夏邈矣而流風餘韻歷數千年而猶有存者豈獨以地靈哉然舊志稱剡處萬山中陸事衆水事寡其士樸以敦其農工樸以勤其歲時伏臘冠昏喪祭之需雖視昔縟矣以視都會什不逮一焉豈非大樸散於人未散於山林歟若夫華實之毛蠢蝡之族剡錄所紀志乘所載孳乳蕃衍固未嘗殊異於他邑然山澤之材食貨之源物力登耗贏絀之數亦採民風者所不可遺也作風土志

風俗

嵊在萬山中境既幽僻人民向多山居谷處不見瑰奇異產爲欲

易足性率直鮮緣飾是非不枉其眞農商工賈皆著本業能節儉務縮衣節食以足伏臘雖窮乏不鬻男女外境及爲人僕妾風俗最爲樸茂乃生齒日繁墾闢日廣儲蓄日裕而習尙亦少流於靡矣然敦古處者亦所在多有也

嵊之士子自昔好學砥行入仕多潔廉自愛猷守俱有可觀卽伏處草野能潛心著述炳琅成一家言未嘗以謀利之心妨其正誼之學其敦慤之風高尙之致爲足多也間有修飾邊幅好華裙雜佩以自炫耀筵宴窮極珍異子弟效之亦有不事詩書惰遊自安者殊傷風化然邑中不過數家轉移之勢若反掌未足爲嵊病也

王氏備考嵊處山谷性近樸務稼穡不知商賈終歲拮据而租稅衣食尙懼不給歲凶卽道殣相望故不敢靡麗以自放

所云好樂無荒良士瞿瞿庶幾有陶唐氏之風哉近且樸變而囂嗇改而侈燕飲窮珍錯佩服尚綺羅一唱百和而不可救止夫嵊雖囂不足當他邑之樸而嵊爲已囂嵊雖侈不足當他邑之嗇而嵊爲已侈人心物力若或限之是不可不亟返其故嵊也已又曰嵊俗尚氣人知名節自勵不屑齷齪猥瑣之行入官廉潔自持合則留不合則去雖囊橐蕭然綽有餘榮也居林杜門卻掃不通有司寸牘如杜侍御民表裘侍御仕濂喻工部褧王刺史應昌輩皆耿耿有節概郡邑長吏罕見其面今世趨日下鮮知自愛鄉大夫諸生有迎綸吸餌爲得意者不知誰實階之以至此然崇恬退而抑奔競使之憬然自媿在司教者加之意耳

嵊閫教至肅屏艷裝勤婦職內外之辨截然雖至戚寡所識面或

猝遇寇難往往就死如飴義不受辱其嫠婦率能含辛茹苦矢志完貞故應旌典者爲獨多綽楔相望焉

冠婚喪祭諸端故家右族多遵文公家禮間參以王學博之纂要萬歷元年訓導王天和著全禮纂要周司空之禮圖其他編戸則有不盡然者

周司空汝登著俗訓四則大有裨於風教特備錄之一曰居家孝弟持身謹厚匹夫亦足自立於鄉里故盜賊不畏刑戮而畏王烈之勸誘閭里不畏公庭而畏陳寔之表正皆非係於名與位也若節行一虧雖貴顯不爲名教所齒兄瑣瑣者乎二曰少長知禮男女有別門祚有必興之理故龐公耕農而遺子孫以安冀缺饁野而夫婦相敬如賓人之所以爲人恃有禮而已有禮義則開業傳世氣脈長遠恆必由之一時強弱盛衰之勢不必論也三曰人於性偏處能克難忍處能

忍此乃豪傑胸襟學力所到故人有不及可以情恕非意相
干可以理遣充拓得去便是堯舜氣象更何事不可爲若一
不如意即怒形於色甚至矜己凌人識者思之有不驚汗浹
背者乎四曰知足引分常覺消受不去則隨遇可安環堵蕭
然而居有餘地饘粥餬口而腹有常飽古稱無事當貴穩臥
當富緩步當車安食當肉皆安分無求之謂故君子無入而
不自得焉

又著燕飲儉約敘曰儉美道也惜福惜財厚風俗維元氣益
則鉅矣知儉之益奢之害可勝言哉他未暇數以語燕飲一
節珍饈滿案放箸即空日食萬錢不過一飽徒侈觀美何爲
且其敗禮踰度殫力靡財所以瀉風而耗氣者不細是首宜
儉省者也東越諸邑剡最樸略近古余昔時見丈人行宴止

五饌新賓上客不過倍是父老傳聞謂成弘間簡儉尤甚雖盛宴不過五饌中間以蔬乃近來豪侈日甚營聚羞果盈前一席盤盂動以百計彼此倣傚成風雖間達時務者有厭煩就簡之思而羣然披靡不如是則以爲薄或以爲矯匪怒則嗤獨立爲難矣夫眉州近古之俗蘇長公稱累世而不還余誠不忍父母之邦美道休風之日漸滅而無遺也敢以告諸縉紳耆老更以請邑大夫博士立爲燕飲一約使肴有定數生無濫殺尙侈者有所制而不逾慕古者有所據以自立都無厚薄則怒者無因不見異同彼嗤者何自去奢之害而就儉之益移易或在乎此嗟乎余之約非敢違時以立異思以還吾故鄉而已矣亦非過嗇而難堪姑以去其太甚而已矣凡我邦人其無迂我若夫由宴飲一節而推之事事由吾鄉

一鄉而推之天下余竊志之而綿力難持於德位君子有厚望焉

李合式圃晏飲約昔晏平仲食不重味妻不衣帛祭先人豚肩不掩豆一狐裘三十年不以爲陋受君之賜散之父黨母黨妻黨蘇子瞻在黃州遵司馬溫公之訓宴不過五品更減而爲三稱三養曰安分以養福寬胃以養氣省費以養財予至嵊見鄉紳富家婦女多服紈綺婚嫁動費千金筵宴用珍味過於糜費貧者相形見絀至鬻產借貸以效尤因與之約曰遵晏子之風婦女無多衣帛守蘇公之訓宴客無過五品留有餘以周貧困庶行之日久可以挽頹風起靡俗家保豐亨人敦禮教矣其幸遵而守之是爲約

冠禮　男子十六以上垂髮總角長而冠在明時多於元旦裹巾

冠冠盛服拜天地祖宗及尊長親故不復筮賓卜日另設燕飲清以帽頂定品級貴賤之儀秩然按〔夏志〕男子年十五以上至二十者擇吉或於正旦及冬至日冠之親賓攜酒往賀冠者之字多於平時議之三加三祝之禮行之纔數家而儀文亦不甚備女子年十五至二十者則笄之母爲之主賓以親姻婦女之賢而有禮者爲之遣人致詞以請厥明陳服賓主迎入升堂賓爲將笄者如冠笄適房服背子出乃醮乃字尋常家請族內之尊者主而笄之主人以笄者見於祠堂告詞俯伏四拜興禮畢以次見於尊長拜之乃復位禮賓而退

婚禮　媒妁既定議男家致懇帖於女家女家報以允帖即古問名之遺嗣餽銀繒盤酒益以釵鐲即古納徵之遺嗣仍餽銀酒盤盒較前減三分之二即古納采之遺可婚矣餽銀盤以爲催粧即古請期之遺臨婚前二日餽鵝雞蒸羊豚肩茶果之類即古奠雁之遺娶之日不親迎用樂婦扶掖成婚雜用踏槖牽紅傳席交盃諸儀即日拜翁姑以及其家衆又每歲有端節歲禮

費頗繁也（夏志）婚初託媒往求男家必論門第而後求女家必論門第而後許既許則卜日遣羊酒羹果綵幣銀榜子謂之納采俟既笄冠仍行聘定禮通書加以綵幣壓綵銀鈔珠翠首飾茶餅羹果各倍於前甚至用百盒百二十盒者謂之納幣女家答書諸物皆少答之謂之回盤男家具書女家答書古問名之義見矣女當嫁時凡所奉養舅姑及房中合用之物如茶瓶酒注鑪鐺椅桌牀帳帷幕首飾衣服僕妾牛馬莊田莫不畢具男當婚時主人告廟醮其子而命之迎壻盛服出乘馬以二花燭導至女家俟於次女家主人告於祠堂遂醮其女而命之父母及諸親屬以次序坐女辭拜畢乃醮詞如家禮主人遂出迎入奠雁再拜興平身姆奉女登轎壻舉手揖遜請女降自西階壻爲舉轎簾姆辭曰未教不足以爲禮女登轎壻乘馬先婦轎至家導其婦以入下用氈褥弗令履地白樂天春深娶婦家詩云青衣轉氈褥錦繡一條斜其來久矣至房壻婦交拜合巹揭蓋頭內之最尊者持布幅戒勉其婦孝順雍睦數言而畢明日婦夙興見於舅姑壻婦並立四拜興婦奉湯以敬舅姑飲之又明日婦夙興主人以婦見於祠堂畢坐舅姑於堂尊於舅姑者坐舅姑之上少於舅姑者立兩序婦四拜興進茶餅亦婦家物訖獻舅姑贄幣於桌子上或紵絲衣服夾纊衾被刺繡鞋韈之類舅姑撫之尊屬同侍者以入婦降拜又以贄物序齒獻於兩序而禮亦如之贄物輕重以親疏爲差僕從則賞之布帨之類各拜賜畢舅姑禮其婦姑主之遂設宴親族女賓皆

與婚之第四日先期致書至日迎婦翁及婦之兄弟及媒至則三茶畢設湯風席惟用蔬果雜進湯酒各三行遂出席主人以次見賓相拜訖俄入正筵用果品糖麵肴物每品凡七凡九不等明日迎婦之族人及婚家之諸親通會之名曰大筵又明日致宴而後送大率婚娶多擇日於三冬壻不即拜婦之父母至除夕備羹果送年節禮正旦往婦家謂之拜門至則婦家之大小出迎揖遜升階作樂導壻而入壻才則試攔門詩其宴壻亦如壻家宴婦翁之儀婦族中及婦諸親皆設宴稱壻爲嬌客而尊之坐皆首位有延留數月而後返者後會則序名分此皆富家大族所爲餘亦稱家之有亡也特具錄之以見古禮之遺

喪禮　始死遷屍於牀三日而殮不用布絞用本等服飾下有席有褥上有衾實棺以絮四日成服緦麻以內皆給服緦麻以外皆給布帛受弔時族及外親皆有奠此舊例也近乃有遲久受弔及鼓吹迎賓開筵宴客者舊例七七卒哭皆致哭奠而已近有延僧道作佛事及演戲行喪者舊例或旬日或一月或數月擇日而葬近有惑於堪輿久停柩不葬者非古禮矣〔夏志〕喪禮疾革時猶在牀寢席既絕乃哭擗踊盡哀方廢牀寢於地立喪主以奉餽奠命子弟護喪司書司貨各有其人乃易服男子去冠披髮

徒跣婦女去華飾有服者皆去華飾孝子二三日不食親戚隣里爲糜粥食之司書者訃告於親戚朋友亡者沐浴襲衣入棺棺多於平日或病革時治之內外用灰漆內以煉熟秫米灰厚鋪其底加七星板板上加裀褥枕席亡者入棺實銀錢以代飯含覆以衾不行小大殮司馬溫公所云明日小殮又明日大殮東以絞約韜以衾帽者其所斂多矣乃設奠主人以下爲位而哭置靈座設魂帛懸亡者畫像於魂帛之後以絳帛爲銘旌四日成服富家巨室製服以畀有服者家貧則碁服以下之人各自備其服寢苫枕塊朝夕哭奠食時上食哭無時朔日則於朝奠設饌魚肉米麵各一器有新物則薦之凡弔皆素服　葬則先期擇地之可葬者穿壙作灰隔先布炭末於壙底築實厚二三寸然後用石灰細沙黃土以烏莊樹葉汁浸黏汁拌三物鋪作灰末之上四旁則俟棺窆多用篠槨槨外築之厚二三寸布灰末於外以禦木根辟水蟻作主用栗刻誌石用石二片發引前一日具牲饌以窆期告親戚奠賻之厥明遷柩就轝乃設奠奉魂帛升魂亭焚香柩行方相前導名開路神次翣次紙幡次銘旌亭次魂亭次明器車馬巾櫛侍女僕從咸具而後轝主人以下男女哭步從尊長及無服之親次之賓客又次之親賓設帷道旁駐柩而奠柩至墓所脫載主人男女皆依棺哭親賓拜辭而歸至親則執紼視窆乃窆主人輟哭親視覆以銘旌乃如法下三物實土而漸築之下誌石題主奉神主升車遂行主人以下哭從之至家奉神主置於靈座而復哭　葬之日日中而

虞始用祭禮埋魂帛罷朝夕奠遇柔日再虞遇剛日三虞葬之第四日陳牲設饌祭於墓祀后土於墓左三虞後遇剛日卒哭祭明日祔祭如前儀朞而小祥前期一日主人以下沐浴陳器具饌次陳練服厥明夙興設蔬果酒饌祝出主主人以下入哭乃出就次易服復入哭降神三獻初獻讀祝侑食闔門啓門辭神上朝夕奠哭再期而大祥陳禫服餘如小祥儀乃撤靈座斷杖棄之屏處大祥之後中月而禫行禮如前儀

祭禮　始祖則於冬至高曾則於春祖則於夏禰則於秋祠堂則於二分亦有祭於正歲者其禮先一日設位陳器省牲滌器具饌厥明夙興設蔬果酒饌質明行禮參神降神進饌初獻讀祝亞獻終獻侑食闔門啓門受胙辭神納主徹饌高曾祖禰之生及死之辰皆有奠節日皆有薦近世族家率增置祀田（夏志）墓祭或用清明前三四日前期采蘩和秫粉舂爲粢盛具饌牲厥明洒掃芟刈榛棘添淨土於墓上掛紙錢於松楸布席陳饌參神降神初獻讀祝亞獻三獻辭神乃徹而退尋常之家時祭多不行惟忌日設主祭清明墓祭七月十五日及年節總用魚肉米麵不分亡者親疎祭之惟口通情意以代祝文初終各行四拜禮而止

時節之俗

元旦　舉家夙興長幼正衣冠然香燭治酒饌茶果南向拜神次拜先祖饗祀三日乃祭而徹謂之回饗次拜尊長次卑幼交拜然後出拜宗黨如有祠堂者合拜始祖於祠堂宗族即相聚拜次拜歲戚友謂之拜年親故各以酒餚相徵逐謂之新年酒

立春　前一日官僚迎春東郊民間童子服綵衣乘騎前導鼓樂喧闐謂之迎春故事迎土牛入縣視牛色以辨雨暘豐歉次日打土牛謂之鞭春

穀日　天氣清明之夜仍裝童騎佐以燈爆金鼓迎於城隍廟縣堂及各街道以祈穀謂之打燥

十四夜　各社廟懸燈婦女結隊同遊謂之遊十四以菜煮羹食之謂之亮眼湯

上元　民間各於祠堂社廟結綵幔懸花燈鼇山銀海爲傀儡戲獅子戲窮極奇巧比戶屈竹爲棚掛燈於下爛熳街衢謂之街燈鄉社人擎一版版聯二燈簇兩端而貫接之長數十丈前後裝龍頭龍尾可盤可走謂之龍燈又謂之橋燈今橋燈惟金處等郡尚爲之嵊無橋燈其龍燈則編竹爲之人持一節龍頭龍尾亦只各一人持之或布之溪流燦然星馳謂之水燈先二日起窮六日夜始徹

社日　用牲醴延巫祈於社廟謂之燒春福巨族演戲先後不以期限秋報亦如之

清明　緣門插柳用黏米采菁苗爲餻刳羊豚祭先壟掛紙加土祭畢聚族人讌飲謂之清明酒或偕少長遊賞郊外謂之踏青

立夏　煑紅豆飯燒筍不斷謂之健脚筍婦女以果品祀馬頭孃

端午　以角黍及品物相餽遺設蒲觴屑雄黄末於酒中釁其先

乃自飲仍懸艾虎女子或以繭作虎小兒則綵繩繫臂綴繡符
簪艾葉榴花采藥合藥率以是日
夏至　祀先祖薦新麵日未出時視方色以占豐凶如東方天色赤主旱黑主水各方隅同雨則不占
六月六日　曬書畫衣服以除蠹損
七夕　爲牽牛織女聚會之期女子陳瓜果於庭以乞巧采槿葉
沐髮以去垢
中元　七月十五日爲中元節俗謂之鬼節僧舍營齋供閭里作
盂蘭盆會祀先以素饌浮屠然燈人家或然燈於樹或陳街燈
或放水燈閒喧以簫鼓僧道演法作佛事云以度鬼
中秋　夜置酒賞月
重陽　飲茱萸酒登高
下元　十月望日家祀其先

冬至　祀始祖於祠堂或用餛飩或用圓子亦有爲餈與餜者各燕飲不拜賀

十二月二十四日　俗以是夜祭竈亦有以廿三夜祀者丐婦先數日送糖謂之祭竈糖自是人家各拂屋塵換門神貼春聯備過年品物僧道則作交年保安疏以送檀越親戚酒擔食盒互相餽問謂之餽歲

二十五日　是日市肆無索逋者有債權人家亦然

除夕　自過午即灑掃堂室掛紙錢於闌旁向暮然紙炮以代爆竹遠近腷膊之聲相聞不絕設祀曰送神已乃闔門集少長歡飲謂之分歲然長燭熾長炭圍爐齊坐謂之守歲

吾浙有所謂墮民一流莫知所自始相傳爲宋罪俘之遺故擯之曰墮民丐自言則曰宋焦光瓚部落以叛宋投金故被斥嵊亦有之其內外率習污賤

之事男子每候婚喪家備鼓吹索酒食婦則習媒或伴送良家新娶婦四民中居業不得占彼所業民亦絕不冒之士男業捕蛙賣餳拗竹燈檠編機扣塑土牛偶打野胡方言跳鬼女則爲人家拗鬏髻梳髮爲髢四民中所籍彼不得籍彼所籍民亦絕不入四民中所常服彼亦不得服籍與業至今不亂服則稍僭亂矣雍正元年御史噶爾泰題准照山陝樂戶削除其籍俾其改業自新與民同例毋得習爲汚賤乃籍雖削除而業終未改云

物產

穀之屬物產宜先九穀故志始九穀而及其餘　一曰稻（周禮）職方揚州其穀宜稻（越絕書）丁貨之戶曰稻粟令爲上種石四十　有秔有稉不黏者爲秔宜飯宜糕黏者爲稉宜酒宜餈　秔之屬曰早白一名馱犁歸夏末熟刈之可種稉謂之翻稻　宣州早一名下馬看　蚤占城一名六十日相傳唐太宗征占城得其種以歸今呼金城蓋音之訛　其次白皮暴皮一作婢　黃巖早青　紅皮暴　茅葉齊　黃齊早青　大穀青　平頭白　火稻俱秋後熟　諸暨早　泰州紅　縮頭紅　仙居早　信州白　徽州白　龍游早　紅占城　硬稈白　稉稈白亦占城之類八月乃熟　葉裏畔穗在葉中　寒占城得霜始熟以上各種穀長米尖均謂之早穀　晚大早　早大青　下露白　新城晚　烏節青　光頭赤　黃殼大青　紅米大青　老來赤　白藤腕　冷水秈　師姑秈　黃楝秈　九里香　白黏　晚青以上各種粒大米圓均謂之晚穀　稉之屬曰趕陳

秔　早青秔　浮江秔　坼秔　珍珠秔　紫珠秔　虎皮秔
胭脂秔　丹陽秔　江西秔　赤殼秔　高脚秔　宜秋趁
晚秔　早黃秔　紅黏秔　榧秔　青稈秔　水仙秔　白藤
糯　羊鬚糯　黃碧金　落霜秔二種至冬乃熟　旱稻可陸種穗如雞爪
一曰黍〔說文〕禾屬而黏可爲酒越人謂之木粟稈大徑寸葉如蘆高丈餘米比粟殊大有大穗散穗等種亦有不黏者可飯　一曰稷即穄也苗類黍穗如稻米大於粟稈大如指而高俗呼穄粟亦名蘆穄嵊不多蓺　一曰粟氾勝之云粟即是禾早粟二月種夏熟晚粟五月種秋熟一種秔粟與晚粟同熟　類有百箭粟
羊角粟　白稈粟　牛繩秔粟　榧頭秔粟　胭脂秔粟
毛粟　丁鈴粟穗生兩岐　一曰粱即毛粟形如狗尾草色黃米白〔本草〕他粟無毛惟青粱黃粱有毛　一曰意粟一名苞蘆亦名腰蘆〔本草綱目〕謂之玉蜀黍俗呼六穀甚耐饑　一曰麥
大麥秋種立夏前熟屑作餅可續穀之乏　早大麥　中早麥　晚大麥　六稜
麥　紅黏糯麥可作酒以上俱大麥〔毛詩〕謂之牟　小麥秋冬種小滿前熟　早白麥

松蒲麥禿芒如松以上俱小麥（毛詩）謂之來　米麥可飯　蕎麥非麥類蓋稜穀也（詩）（爾雅）俱作荍莖紅葉碧花白子黑七月種喜霧九月熟畏霜食之去風濕之疾　一曰菽豆之總名　白豆

黃豆　青豆　烏豆　褐豆　綠豆　赤豆　赤小豆俗名紅細豆作糖餡甚佳　虎爪豆　清明豆一名旱豆麥未刈播麥行中　秋豆清明豆未刈播豆行中　田豆青白二種刈旱白播田中　小白豆播山谷中皆大豆也（毛詩）謂之荏菽可作腐　茶条豆圓長二種　豇豆莢長尺餘而軟俗呼裙帶豆莢短者曰短豇豆四五月熟俱可連莢煮食　刀鞘豆莢長幾尺而殼厚形如刀俗呼醬豆　豆莢亦名棻藊豆形長尺餘連莢蒸食　白藊豆其黑者曰白眼豆又名鵲豆紫花者曰紫花豆莢長而尖者曰雞爪豆亦曰羊角豆一種編貫豆亦名扁眼豆皆可連莢作蔬蒸　毛豆一名七日豆　羅漢豆實可食苗可糞糞者多於食未堅時犂之實嫩時可生食實堅時可煮食乾而藏之可炒食或以水浸芽而食之剪之而炸之以油俗呼蘭花豆尤佳　豌豆一名蠶豆褐白二種子可食苗可糞

一曰麻　芝麻黃白黑三種亦呼油麻可醡油味香美今麻油以嵊爲勝　胡麻大宛種也道家以爲飰葛稚川云胡麻中一葉兩莢者名巨勝　苧麻可爲布

蔬之屬　芹一名水英葉如鼠耳莖長而白滑脆微辛　芥〔方言〕蘇芥草也有青紫白數種生四月者名春不老俗名春菜鹽乾耐久食　白菜卽菘菜鮮醃俱佳乾尤勝　薹菜　黃芽菜菘之矮者　九英菘一名九心菜有細葉大葉各種醃而食之品最上和筍尤佳乾亦佳　油菜二三月食其心最美謂之菜蘏亦謂菜蘏子可油　甜菜一名莙薘菜有冬夏二種　生菜　苦藚菜葉如刀味似萵苣　茼蒿　萵苣亦稱萵菜　菠薐菜〔北戶錄〕波羅國獻薐菜火熟之能益食味菜以國名　雪裏蕻〔康熙字典〕四明有菜名雪裏蕻　萊菔一名萊蔔可鮮食亦可乾之作脯葉可鮮食乾之尤勝一種赤者亦可食一種黃者名胡蘿蔔葉似胡荽　蒿菜　石耳生四明山絕頂　石芥產四明山　木耳　茄一名落蘇紫白二種　薑以茜赤之糖煑食之尤佳　韭韭白尤勝　薤　蒜一年爲獨蒜二年爲大蒜　胡荽　芋卽蹲鴟也　筍類甚多冬月取毛筍萌土中者爲冬筍亦名團筍清明出土爲毛筍早筍燕來時生爲燕筍雷時爲雷筍又有箭竹筍大竹筍俱可乾作脯而早筍尤佳　薯蕷一名山藥〔北戶錄〕云儲也爲麵餅味極美然產者極少一種名蕃儲所在俱種之味亦佳　蓴葉如荇菜而紫莖大幾如箸葉底莖外天生一層明如水晶柔滑可羹合鮒魚食之佳　薺〔月令〕靡草卽燕麥也　蕨味似蔞蒿其根爲粉可當麵食

檡枌檡一作柞即（詩）柞棫實名象斗如櫧而長可枌可麵可餈亦名柞子橡櫪杼栩一物異名也　茭白（嘉泰志）云今謂之茭首蓋茭心生臺至秋如小兒臂其白如藕而軟美異常每年移根濯洗極潔種之則無黑脈經年不種則黑脈生矣一名菰首　蔓青一作蕪菁　蘩蘊藻屬　苜蓿所在山谷多有之簇小白花俗名孟菜鹽乾晉肉不腐　薇葉如豌豆亦可作蔬　莧紫白二種　馬齒莧　豬娘莧不種自生品劣不堪食　天茄可作蔬亦可蜜湛

茶之屬剡素以茶著凡產茶之地所出多上品而西山尤佳　宣家嶴尤貢　瀑布嶺　五龍山　眞如山　紫巖　培坑　大崑　小崑　鹿苑　細坑　蕉坑　苦蓋產四明山中

按（剡錄）云世之烹日鑄者多剡茶也日鑄以水勝剡清流碧湍與山脈絡茶胡不奇余留剡幾年山中巨井清甘深潔宜茶方外交以茶著者皆精絕所載茶品有瀑嶺仙茶五龍茶眞如茶紫巖茶鹿苑大崑茶小崑茶培坑茶細坑茶九種

今大崑茶以孔村者爲佳小崑茶以油竹潭爲佳而南山九州峯之上胡山茶甚甘美寺橫路尤佳

果之屬　梅有一種名金剛拳大如桃其實堅脆經秋不落　杏沙杏梅杏二種　李綠黃紫三種（郡志）

云惟剡溪者見稱　桃匾桃方桃盆桃棉桃秋桃酸桃紫桃夏白桃臙脂桃又一種冬熟者名雪桃　枇杷一名炎精（郡志）云惟剡坑吳莊最多　棗（郡志）云嵊山有棗灣生啖糖煑蜜煑俱佳一種青者今亡　栗陶隱君云剡栗皮薄更甜又小者毛栗櫧栗二種　橘種有大小又有如彈丸者曰金橘生食糖煑蜜煑俱佳亦可作餅如棗者曰金棗如豆者曰金豆可糖煑藏之（剡錄）引任昉（述異記）曰越多橘柚園越人歲稅謂之橙橘戶　柿匾柿方柿朱柿蒸柿牛心柿丁香柿等種　柰（漢武內傳）會稽有果名樑亦柰屬也　林禽與柰絕相似但差小（右軍帖）所謂來禽也北方人謂之沙果俗名花紅（齊民要術）云可麪　梨俗名梨頭　藤梨如梨而小味酸澁　櫻桃（爾雅）楔荆桃（郭璞註）今櫻桃有大小二種（月令）含桃（鄭註）今櫻桃　香櫞俗稱香園切片縷花蜜收點茶　郁李（毛詩）謂之唐棣葉如杏花如紅梅千瓣子如櫻桃而小　橙　柑　柚心可啖可醃皮可糖漬　木瓜糖煑作果乾收入藥　核桃　榧粗細二種粗者名火榧　榛栗之小者即櫧栗之類　落花生蔓地而生嵊俗多種之　蓮子　藕　菱　芰　刺菱二角三角四角之別　芡雞頭子　蒲萄種出大宛水晶瑪瑙二種（剡錄）越剡間多碧蒲萄　石榴俗名金櫻避錢武肅王之諱也（郡志）剡中者佳有大紅水紅白瑪瑙五色千瓣結果　銀杏謂

之白果粗細二種　楊梅（異物志）五月中熟大如梅味酸而甜　無花果不開花結實　鳧茨鳧喜食之一名葧薺皮厚色黑者肉硬皮薄色紫者肉脆　甘蔗（通雅）一名諸蔗一名都蔗或作邯蔗一種小者名糖榦可熬糖　山查即樝也亦作柤又名雉查俗名山裏果紅白二種嵊產爲佳木生者亦名紅果　黃精（博物志）太陽之草名黃精餌之可以長生有鉤吻以黃精食之殺人　爵梅叢生子如小豆酸甜可食　斑樝實酸可食

蓏之屬　西瓜（學圃雜疏）云金主征西域得之洪皓自燕中攜歸故名　甜瓜（郡志）剡西太平鄉產奇瓜紺翠如筒　鵝子瓜　苦瓜　黃瓜有刺　南瓜一名蔓瓜　絲瓜一名天羅　冬瓜　香瓜　壺蘆一名蒲瓜有五葉蒲牛腿蒲等種　瓠子　金瓜　北瓜

木之屬　松（水經註）嵊山臨江松嶺森翠　五粒松柏身松葉（爾雅）名樅　柏有渾柏匾柏側柏刺柏又有一片如手掌者名手掌柏　杉有刺杉溫杉　楓山有楓則落葉多而土肥　櫧櫧實俗呼烏櫧可蒸炒食之可麵可腐　檉似柏而香四明山爲多一名河柳　檜柏葉松身（剡錄）檜谷間有絲檜益奇　黃楊　槐　春剡山谷多此木椿葉香者可菹　檀（郡志）宋南渡初製五輅以檀爲軸取諸嵊

花可染綠　柞卽櫸櫟屬子可瀝粉汁可染皁互詳果屬櫸粉（風土記）始甯剡界多柞木吳越之閒名柞爲櫪桐（圖經）出桐柏山其類有四青桐枝葉俱青無子梧桐皮白桐葉青有子而木高大周汝登詩梧桐葉葉動高風白桐有花有子三月閒開白黃紫色子可醡油崗桐似白桐無子宜作琴瑟有一種刺桐材中宮室器用然易蠹　梓材中棟梁（水經注）謝車騎居嶀山東北起樓樓側桐梓森聳　楸與梓同本異梢　漆　椶櫚（十道志）剡山谷閒多植之一皮一節可爲雨具　穀一名楮皮可爲紙有液畫家用以施金最良　樸（草木記）厚樸得之剡溪皮雖香不若南蕃之厚　樟卽豫章木甚大而香材中宮室舟車（西陽雜俎）江東人以樟爲船　楝　柏亦名烏桕子可油亦可燭　石楠魏王（草木志）石楠野生三月開花剡山谷多此冬時葉尤可愛　冬青

櫧（輿地志）曰越太平山生櫧木（剡錄）云剡多此木非止太平山也宜爲樐挼櫧性多直力爲柱最宜　白楊　相思木（平泉草木記）相思木得之剡溪（二異記）（述異記）皆云戰國時魏有民戍秦妻思之卒塚上生木枝皆向夫所謂之相思木（吳都賦）相思之樹注云樹理堅斜斫之有文可爲器　栲皮可染網　杞　狗骨　馬鞍刺葉如馬鞍有刺　虎刺木本圓葉子如天竹可作盆玩　盆松　羅漢松

竹之屬　龍鬚竹（萬歷志）長而節疏　鳳尾竹（萬歷志）葉細小亦慈竹別種　斑竹

紫竹可爲笛管九節者佳　苦竹筍味苦不堪食有黃苦白苦紫苦幹細而直可作筆管（剡錄）苦竹以黃苞推第一謂之黃鶯苦他如頓地苦堅中可爲矛掉額苦節疎又有湘簞苦油苦其類甚多　淡竹可煑爲紙　蘆棲竹嶁竹（郡志）嶁山有蘆棲嶁竹（竹譜）蘆作膚　石竹（山居賦）注石竹本科叢大以充屋椽巨者竿挺之屬　桃枝竹（爾雅）桃枝四寸有節可作簞（西京雜記）所謂流黃竹也竹小而密人家多植以爲籬援　毛竹所在山谷多有之幹大而厚邑人取以爲筏餘用甚廣生金庭者節節有毛四明（洞天記）云毛竹叢竹叢生澗邊李衎（竹譜）云金庭洞天有毛竹又名銀筍竹　貓竹或云卽是毛竹亦作茅竹或云別是一種　雷竹　方竹（剡錄）玉岑山所植　油竹剡中甚多　慈竹冬月筍生外繞其母故又名孝順竹又名王祥竹（酉陽雜俎）夏月經雨滴汁下地生蓐似鹿角色白食之已痢或云慈竹卽是桃枝又名四季　水竹依水而生四季生筍人家以爲宅援　對青竹（古今記）竹黃而溝青有節若間出此竹惟會稽頗多名黃金間碧玉或稱閃竹亦曰越閃竹　篛竹卽筆竹剡中多有有早筆晚筆黃筆綿筆　燕竹以燕來時出筍甚美故名　人面竹剡山有之竹徑幾寸近本逮二尺節急促四面參差（竹書）如魚鱗而凸頗類人面（爾雅）莽數節　天竹冬月結子圓而紅　筋竹（羅浮山疏）堅利可爲矛（酉陽雜俎）筍未竹時可爲弩弦（剡錄）越中處處有之剡爲多

箭竹其名筱（爾雅）會稽竹箭是二物剡五龍山有一節三尺者　公孫竹長不盈尺可供盆玩

花之屬　梅花白梅紅梅玉蝶梅綠萼梅照水梅有臺閣重開者（郡志）千葉黃梅剡爲多今亡　蠟梅（郡志）亦剡中勝花有紫心者青心者紫者色濃香烈謂之辰州本　桃花單瓣者有大紅粉紅重瓣者有絳碧二種又有一種緋桃花如翦絨有二色桃花開二色　杏花　芍藥紅紫白單瓣千瓣諸種　牡丹花有紅紫黃白數種（郡志）有單葉而著花至數十苞者　海棠西府紫錦爲上垂絲貼梗木瓜次之秋間開者曰秋海棠即西府種（剡錄）今山間多野海棠　木蘭一名望春狀類木筆而白其材大可合抱質輕而勁可作箭笴　紫薇俗名百日花　凌霄花其蔓依木直上即（詩）苕之華　丁香　白丁香剡山紹多　山茶單瓣大者曰日丹瓣重疊差小者曰寶珠瓣有紅粉者　荷（爾雅）芙蕖其花有菡萏紅白二種皆結蓮有金蓮白蓮四面蓮並頭蓮品字蓮臺蓮花謝房復吐萼又有金蓮色黃今亡　芙蓉一名拒霜　桂一名木犀有黃白紅三種（草木記）木之奇者剡溪之紅桂　四季桂寶慶（續郡志）植在剡之雪館（周志）四季桂雪桂皆高文虎雪館所種　葵有向日葵蜀葵錦葵戎葵落葵紅葵等種　菊古作鞠（郡志）剡中高氏雪館種菊一二百奇者紫菊丹菊今有一種墨菊尤奇　波斯菊　萬壽菊　滿天星菊之小者

黃白二種白者入藥　薔薇有牛棘牛勒山查薔蘼等名有黃白紅三種　石巖（剡錄）花比杜鵑尤紅先放葉後著花　梔子花一名玉樓春陶貞白云梔子翦花六尺刻房七道芬芳特甚相傳卽西域薝蔔花或曰非也薝蔔金色花小而香梔子花白有二種山梔生山谷中花瘦長而香奇絕水梔生水涯花大倍于山梔而香稍減亦有園栽者今名玉一枝又有千葉枝六月初開（格物總論）云梔花葉差大者謝靈運目爲林蘭（山居賦）林蘭近雪而揚猗豈卽此歟

瑞春一名睡春紅白二種西白山產此　山礬　木槿卽（毛）詩舜華有紅白單瓣重瓣等種白者樹較高大　荼蘼亦作酴醾有紅白黃三種黃者尤可愛　玉簪紫白二種　玫瑰

木香黃白二種　木筆一名辛夷　石竹有白紫有五色　罌粟一名米囊花有單瓣重瓣者自鴉片興而人多田種矣　萱一名鹿葱黃色可蔬名金針菜俗多與木耳同食（詩）作蘐云可忘憂　木棉花一名吉貝可布可絮　紅花可染牽花亦名紅花　茜一作蒨可染（貨殖傳）千畝巵茜俗名廣東菜

雁來紅如莧而赤卽後庭花一名老少年　長春花卽月月紅一名月季花　茉莉　翦春羅　翦秋羅　鳳仙花俗名染指頭花莖亦可食　粉團　虞美人　海繡球　雪團花比繡球較小又有一種藍色者尤佳剡中亦少覯太平邢氏愛吾廬常種之　玉蝴

蝶紫白二種又有金絲蝴蝶亦名金絲海棠　雞冠五色又有矮雞冠　姊妹花一叢七八蕊
子午花午開子謝　夜合一名合歡一名青囊　夜嬌嬌日出輒萎　綠秧花　杜
鵑　水仙　落湯紅

草之屬　鹿胎草詳見鹿胎山下　芝石芝木芝草芝菌芝　蘭蘭品甚多瓣白而圓者爲上
蕙〔耐園異名考〕一幹一花而香清者爲蘭一幹五七花而香濃者爲蕙三月開又有一種自福建來名建蘭一幹
六七花秋開亦蕙屬也　珠蘭花如金粟甚香宜茶　菸一種出呂宋國一名淡芭菰一名相思草剡中種者甚
多販之隣郡頗獲厚利　長生草又名卷柏生四明山取懸簷間雖甚枯得水即蔥翠　恆春草一名
千年潤俗名萬年青唐省試有方士進恆春草題梁鍠有詩　鬱金香草古人以釀酒供祭祀曰鬱金
翡翠草蔓生盈庭如翠球　菖蒲荃也陶貞白云古人謂之蘭蓀生于水者曰溪蓀一名白昌一種有節如
劍一種節甚密生石上名石菖蒲又名昌歜又有一種虎鬚菖蒲　溪蓀今東澗溪側有之根形氣色極似石菖蒲
而葉無脊即水昌蒲亦名白昌韓退之昌陽引年是也　菰節中生米可食雕胡也　蒲蘆　葦
蒹葭　莞草有二種一爲席草一爲燈心草今剡中多有種之者太平鄉善織席　茝即白芷　藍

草可染山人多種之爲業　荇越人謂之荇菜叢生水際莖如釵股一名接余葉在莖端隨水淺深陸璣云接余上青下白　艾蒿似艾而細芳馨襲人束之成把可辟蚊　艾一名冰臺　芸今有一種七里香葉類豌豆作小叢生其花極芬經秋葉間微白如粉汁辟蠹殊驗　薇草（剡錄）五龍山重崗複嶺山頗產薇爲異草　大蓼一名馬蓼莖大微赤生水澤中高丈餘（說文）龍天籥（詩）隰有游龍皆謂此也　虞蓼蓼之小者水澤間所在多有陸地亦生之土人謂之辣蓼（詩）予又集于蓼（吳越春秋）越王臥則攻之以蓼即謂此也　黃荆可罯醬　蘋（韓詩）沈者曰蘋浮者曰藻似槐葉生道旁淺水中與萍雜至秋則紫越人謂之馬藻亦呼紫藻　萍無根而浮常與水平故曰萍俗謂之藻言隨風漂蕩萍喜滋生或云一夕九子故謂之九子萍　紫河可偏野種子未花時柔嫩可蔬二三月間紅花爛然似錦故名紅花草糞田甚肥又有輪盤草開黃花結子如輪盤小而圓有芒刺山田多種之　薜荔在屋曰昔邪在牆曰垣衣　葉下紅汁可療聤耳　芭蕉　苔

羽之屬　鶴　鵠（剡錄）云見（山居賦）（廣志）廣鵠出東海　鳺（剡錄）云見（山居賦）　巧婦鳥（剡錄）云見（舊經）鷦性巧巢至精若刺韈又名韈雀　鵯鵊即鵶舅也亦名烏臼見（張祐詩）　白鷴　雞　雉鸐也尾長其類有鷮鵫雅雉之健者爲鷮見（山居賦）　鵝（爾雅）舒雁鵝　鴨

〔尸子〕家鴨爲鶩野鴨爲鳧　雁　燕　鳩鳩類甚多鳴應晴雨者俗呼鵓鴣　鴂　烏純黑而反哺者謂之烏小而腹下白不反哺者謂之鴉俗呼老鴉烏白項而羣飛者則謂之燕烏云　鵲一曰乾鵲俗呼喜鵲〔淮南子〕鵲巢向太乙〔博物志〕鵲背太歲　鷗　鷺鷥〔剡錄〕趙湘剡溪唐郎中所居詩開池延白鳥即鷺也　鷹　鶚　鶻　雀鷂俗呼鵓鴿　隼　鳶　布穀〔毛詩〕所謂鳲鳩也一名戴勝〔月令〕戴勝降於桑　紫背　鷓鴣背臆前有白圓點文多對啼啼則自呼其名曰鉤輈格磔　姑惡　鵜鶘形似鶚頷下胡大數升用以盛水貯魚好羣飛沈水食魚其名自呼一名淘河一名洿澤嵊不多有有則大水　鸕鷀〔剡錄〕剡溪漁舟載以捕魚　百舌　畫眉〔剡錄〕剡林谷間多此鳥　鵪鶉鶴一作鵪　黃頭鵪鶉之屬善鬥　鴝鵒　竹雞充頁形如鷓鴣褐色斑赤文啼曰泥滑滑白蟻畏之　杉雞　告天　斲木　伯勞　鸂鶒　魚鷹〔剡錄〕舟過嶀江一禽如雪擒魚健於隼問之漁人曰魚鷹也　鶯〔毛詩〕謂之黃鳥一名倉庚　山鵲一名鸒鳩　錦雞似雉而多文采　鸛春至巢高木上哺子秋去海上　鶺鴒鵲之屬長尾腹下白頸下黑飛則鳴行則搖越人曰雪姑　鴛鴦　婆餅焦〔剡錄〕梅聖俞詩婆餅焦兒不食爾父向何之爾母山頭化爲石化石可奈何遂作微禽啼不

息　鵁鶄　黃雀白露來霜降去　拖白練〔郡志〕嵊玉岑山最多尤可愛玩　吐綬
鳥生太白山狀如雞文采五色口吐　杜鵑一名子規夜嗁達
綬長數尺〔古今註〕謂之舒囊　旦血漬草木凡鳴
皆北嚮嗁苦則倒　白頭翁　翡翠〔李易〕剡山浴鵠池〔詩〕
懸於樹一名謝豹　翠光爭水鳥謂此也
麻雀　蝙蝠〔爾雅〕釋鳥蝙蝠服翼
毛蟲之屬　牛　羊　羱似吳羊而大　犬　獅子狗　金狗矮而有鬅鬙
豕　馬　驢　騾　虎　豹　豺　鹿　麋在山爲鹿在澤爲麋鹿性陽麋
性陰　麂一作麐狗足趫捷　麐王梅溪〔嵊山賦〕云又看麐滯之蹤　獺貍有九節貍
五段貍玉面貍元時充貢　熊產西山有狗熊人熊豬熊　狐　貉　蝟　兔　羆　麢
麢屬　猿白者絕少　赤玃西白山趙廣信昇仙處有之〔呂氏春秋〕猨五百年化爲玃　貓　鼠
碩鼠　貛豬　貆豬一作豲豬其毛可簪〔舊志〕作野豬從俗稱也〔山海經〕有獸焉其狀如豬而白毛
大如笄而黑端名曰豲彘注貆豬也夾髀有麤毫長數尺能以
脊上毫射物取食之貆或作貑吳楚呼爲鸞豬亦此類也又按
〔剡錄〕劉禹錫進野豬狀曰收刈之　綿貓　栗鼠　松鼠
餘田獵有獲異於芻豢著在〔方書〕

倮蟲之屬　蜂一名蠟蜂　蠶再蠶謂之原蠶一名魏蠶土人謂之夏蠶亦曰熱蠶晚蠶春蠶四眠餘蠶三眠俗謂蠶眠爲幼以蠶死謂眠熟故諱爲幼娘　蟋蟀一名蛩亦名寒螿亦呼促織　絡緯一名莎雞俗名紡織　蝸牛　蜥蜴一名守宮俗呼蝘蜓蛇　螢〔月令〕腐草爲螢有挾火據火熠燿等名　寅蚧一名錦襖上春寅日出　蝴蝶粉翅有鬚名蝴蝶〔列子〕烏足其葉爲蝴蝶　蜻蜓青赤各色　蚯蚓　蟬　蜈蚣　蛇其類夥而烏稍尤多　蜘蛛　伊威　壁虎　蠐螬　蟫蠹魚也　螳螂　螻蟈　蛙亦作鼃一名坐魚土人謂之田雞亦呼水雞　蚱蜢　蝦蟆　蟻　白螘　不蟻不蟻蟻之半身者惟貴門山翔鸞館有之　蠅　蚋　蚊　蝱　蛭

鱗之屬　鯉紅色脊中鱗一道大小三十六數　鱸　鱒　鯖　鯔色黑如緇而匾秋自江而上九月則去味最佳　白魚〔剡錄〕嶀山下巨潭白魚所聚大者二三尺頭昂者第一尾頳者謂之追紅白　青魚〔剡錄〕向過嶀江漁人數連網得此魚可三四尺　鰱〔剡錄〕鰱即鱮也〔詩箋〕曰鱮似魴而頭大諺云買魚得鱮不如食茹　鱨　鱧黑色諸魚中惟鱧魚肥甘可食有舌鱗細有紋與蛇通氣其首戴星　白鰷鰷魚

也形狹而長故名　石斑　吹沙　鱓　鮎　鰻　鯽一名鮒喜聚遊鯽言相卽鮒言相附也　鮬卽鱖也桃花時最美　金魚赤者多亦有黑白者　虎頭魚　鯇　鰌亦作鰍　狹猔魚山陰西北有狹猔湖產此魚今剡中有無鱗魚色黃有刺名黃顙魚亦名黃鱨魚卽狹猔之類　彈塗（萬歷志）甚小水涸則跳亦名跳魚

介之屬　黿崿浦潭有大丈許者時出瀑沙間　龜　鼈　蟹其種大小不一有紫蟹黃甲石蟹沙蟹蟛蜞白玉蟹等　蝦　黃蝦　穿山甲　蚌　蛤　蜆　螺小者名螺螄　吐鐵桃花時最多

藥之屬　天門冬　麥門冬　白朮（剡錄）剡山有朮今種者甚多然以自生者爲佳　蒼朮　茯苓（剡錄）引章孝標詩剡山多喬松其下多茯苓　何首烏　芍藥　貝母　沙參偶然有之參不可多得　丹參　苦參　元參　參三七所在俱有然不可多得　地黃謝靈運（山居賦）曰采石上之地黃剡人亦種之　仙茅剡亦有仙茅人少采耳　石斛　烏藥　卷柏　青葙子　石葦　鹿含草　貫衆亦名管仲

白河車　薯蕷一名山藥已見蔬屬　半夏　五味子　天南星　桔梗　牛膝土牛膝隨處有之　細辛亦曰少辛　薏苡仁　瞿麥　旋覆花一名金沸草　葛乾葛入藥　茵蔯蒿　青蒿　前胡　土黃連　香附子　紅花　杜仲　黃蘗　厚樸　牡丹皮　五加皮古墓間最多亦有園種者一名金鹽　山梔花屬也藥亦用之以生山者爲良　蒲公英　威靈仙　謝干　柴胡　玉竹　百部可毒蟲　小茴香　枸杞子　地骨皮

覆盆子一名蘆蒂薆所在山谷多有之西白山產者樹高丈餘實大如楊梅熟則甘多酸少小兒採之盈筐日售於市肆　山莓實如覆盆而空心味較甘蔓生山谷間入藥勝於覆盆　牛蒡子一名鼠粘子　車前〔爾雅〕芣苢馬舃卽車前子穗如鼠尾主滑竅利小便　女貞子卽冬青樹子十一月采　迎仙子　五倍子充貢　鉤籐　百合可作果食　蘇子紫蘇產亦多　皂角　地膚子　桑白皮充貢　防己　骨碎補　青木香　仙靈脾　劉寄奴治金瘡詳見宋武帝紀此其得名之始也生剡中山谷間甚多開小白花子亦白五六月間望之如雪土人名

六月霜溫中消食之劑宜用之蜀（本草）名烏籐菜　夏枯草　毛茨菰　黃精互見果屬　石鼓山多黃精今剡山處處有之採之盈擔蒸而食之甚甘　紫花地丁治疔毒　穀精草　款冬花　忍冬一名金銀籐亦名鷺鷥籐鴛鴦籐生水涯香如酴醿茉莉　仙橋草　馬鞍草　烏喙草　益母草子名茺蔚俱主婦科　龍膽草　牽牛子黑牽牛一名黑丑性甚烈早開小青花見日則萎　白蘞　白薇　鬧楊花　澤蘭　豨薟草　蒼耳子一名卷耳一名枲耳子小而有芒刺　剪刀草　薄荷（本草綱目）吳越人多以代茶其性涼產剡中者味厚　艾見草屬　枳殼　括蔞　千里光　芡實見果屬　半枝蓮　旱蓮　六角蓮　薺苨　萹蓄　椒俗名花椒其樹莖葉亦甚芳烈　風茄　桑寄生　紫背天葵　過山龍　山海羅　金蒂鐘　金線重樓紫白河車之類　八角金盤西白山有之治疽有神效　石葦　虎杖（爾雅）蒤虎杖（郭璞注）似葒草可以染赤（圖經）（本草）越州處處有之如竹筍狀上有赤斑點　馬兜鈴　木鼈子（本草釋名）木鼈今杭越皆有之藤生葉有五椏狀如山藥　麝香菜（剡錄）西山有之即紫苑

苗也

香葉可爲香　禹餘糧（博物志）禹治水棄餘食於江越（舊經）嵊北餘糧嶺產禹餘糧（本草）太乙餘糧本一物而以精爲名（萬歷志）禹餘糧卽山奇糧也產山谷間服之不饑療疽毒瘡今所在有圓石如拳碎之內有屑如餡或類麻豆餡隨人所欲而得亦名禹餘糧可入藥　金櫻子　蟬蛻　望月砂　夜明砂　鹿角鹿茸　朱砂（寰宇記）會稽歲貢丹砂（剡錄）剡崖谷間亦有之人不知采耳　鍾乳（山居賦）訪鍾乳於洞穴靈運自注曰近山之所剡崖谷亦生焉梅福（四明山記）南一峯石壁數穴生石乳　蛇黃（圖經）（本草）大如丸堅如石外黃內黑蛇冬蟄時所含土春則吐之　無名異　石蟹　石燕梅福（四明山記）南峯之北巖生石燕　水石英一頭微著石采取必於露未乾時　雲母石（剡錄）剡山壁嶺道間所生石色晶瑩葛洪（丹經）用雲子者雲母也皮日休詩清晨一器是雲華注雲華雲母別名

工貨之屬　棉布　強口布強口剡地名（嘉泰志）以麻爲之機織殊粗而商人販婦往往競取以與吳人爲市　綿紬古謂之繭布（毛詩傳）袍繭也（禮記）玉藻纊爲繭　蠶絲　綿　絹　縐紗（嘉泰志）剡出縐紗尤精其絕品以爲暑中燕服如絓冰雪然雖剡之居人亦不能常得　綾（嘉泰志）綾出於剡縣昔所謂十樣花紋者今不盡見惟樗蒲綾最盛註以狀如樗蒲子名　苧布　扇　席　筆

管　蒙心蠟燭之心　梼皮　靛青　瓦　磚　瓦甕　泥缶　燭

剡藤紙名擅天下式凡五　硾箋藤用木椎擣治堅滑光白者曰硾箋　玉牋用南唐澄心堂紙樣　粉雲羅牋用蜀人魚子牋法宋陳端詩雲母光籠玉楮溫云云詩見藝文　敲冰紙〔萬歷周志〕一邑之極西水深潔山又多藤楮敲冰時爲之益佳蓋冬水也　苔牋南人以海苔爲紙其理縱横邪側故名側理紙剡之籐紙得名最舊其次苔箋　月面松紋紙見〔談薈〕又〔陶穀清異錄〕先君蓄白樂天墨蹟兩幅背之右角有方長小黃印文曰剡溪小等月面松紋紙臣彥古等上彥古得非守臣之名乎云小等殆亦有大等或中等者

楮紙楮一名穀一名構皮白者爲穀皮斑者是楮有瓣者曰楮無瓣者曰構古之剡籐名天下今剡中楮紙浸有佳者不在徽池之下〔剡錄〕剡溪作冰紙亦取此　竹紙〔嘉泰志〕剡籐紙得名最久其次苔牋然今獨竹紙名天下他方效之莫能彷彿遂掩籐紙矣工書者喜用竹紙滑一也發墨色二也宜筆鋒三也卷舒雖久墨總不渝四也不蠹五也竹紙上品有三曰姚黃〔未詳其製〕曰學士以太守值昭文館陸公軫所製得名曰邵公以提刑邵公鯱所製得名　展手竹紙自上所載三等外又有名展手者其修如常使〔常使似失載〕而廣倍之東坡自海外歸與陳德孺書云告爲買杭州程奕筆百枚越州紙二千幅常使及展手各半　小竹紙自王荊公好用小竹紙比邵公樣尤短小士大夫翕然效之建

炎紹興以前書簡往來率多用焉後忽廢書簡而用劄子劄子必以楮紙故一時竹紙稍不售　花牋　小簾牋　南屏竹紙工細白瑩者厥製惟艱作者絶少近惟花牋小簾南屏等製造尚便頗爲利市〔府志〕云今爲紙者用竹俱收於筍長未甚成竹時乃可用民家或賴以致饒

礦產

金屬　鐵砂大雨後沙石山上流下土人分溝畫界淘取鐵沙鎔鐵所在有之尤以東山上爲最多

非金屬　碗青石產南鄉黃泥岡爲磁質之原料昔曾開採岡上諸洞留有剷削痕今閉　弗石質晶瑩含五彩色在南鄉雪塢茶下屋板石灣等處近已開採運銷於外洋其效用尚未著　礦石形如紫石英近始發現於西南鄉一帶土人呼曰礦石　煤平義鄉象鼻山發現煤苗尚未開採

嵊縣志卷十三終

嵊縣志卷十四

人物志 鄉賢 儒林 文苑 忠節 宦蹟 孝行 義行 義烈 隱逸 寓賢 仙釋 方技

剡中人物著於剡錄者多偏於清放之流昔人謂嵊山峭而水清鍾爲人往往勁樸與地稱二者固以異撰矣稽諸邑志抑又異焉其學或有文有質而本諸躬行其行或不狂不狷而向夫中道似不得以清放勁樸概之入其境訪其閒所謂忠泉孝井仁里義門者往往而是而至情至性以封臂廬墓讓田推第聞者志不絕書豈舜禹過化之鄉風尚固殊歟抑山川之神秀鍾美於斯數千百年賢士大夫漸摩於教澤而然也而閭巷之士湮沒不章者何可勝道雖日有中昃時有季孟而今風古轍異世同符亦後賢懿畜之資矣作人物志

鄉賢

南北朝

阮萬齡祖裕左光祿大夫父寧黃門侍郎萬齡少知名爲孟昶建威長史雅有素情時袁豹江夷相係爲昶司馬時人謂昶府有三素望萬齡後爲左戶尙書遷太常出爲湘州刺史復爲散騎常侍金紫光祿大夫南史　剡錄謂萬齡宋永初末自侍中解職東歸與南史異兩浙名賢錄稱萬齡爲一代高士舊志遂以隱逸稱同治志據郡志列入鄉賢

梁

朱士明齊舉茂才後仕梁天監初授儒林博士官至吏部尙書封漢昌侯剡錄　乾隆李志今桃源鄉有朱尙書廟其地曰上朱蓋桃源鄉人也又士明於天監中進封則當爲梁人而鄉賢祠乃繫之齊蓋以其初仕而言也舊志云鄉人祀於社夜嘗有神燈出沒云云

宋

姚勔字輝中嘉祐己亥進士歷永康令重親猶在父母每以榮其

親爲言乃請納祿以太子中允致仕遇郊封父母父母請貤封祖父母特詔從之元祐初召爲秘書丞右正言奏御史中丞趙君錫雷同俯仰無所建明累遷寶文閣待制國子祭酒請外補以本職知明州紹聖初王安石喉言官論其阿附呂大防范純仁謫知信州論不已落職以奉議郎主管洞霄宮再貶水部員外郎分司南京卒蔡京列其名於黨人碑勔以孝行著稱每省墓素衣步出城行且泣至墓尤哀見者爲之感動嘉泰志　同治志按郡志作山陰人而嵊進士題名石刻載之則其爲嵊人無疑矣　祀鄉賢

姚舜明字廷輝紹聖丁丑進士爲相州臨漳主簿登州平牟令知崑山華亭二縣還河東經略安撫司幹辦公事宣和二年睦寇陷杭睦衢婺處歙六州以舜明通判婺州遂權州事招集士卒穿賊境以入郛晨登義烏門治城壁飛矢雨集舜明親率從兵

以石擊賊既而引兵出戰賊遂大潰又賊帥洪載衆四十萬據處州舜明訪得其母妻令載所厚范淵往諭載即解甲來降平賊之功於時爲冠除直秘閣提點兩浙刑獄又爲福建提舉茶事欽宗即位擢監察御史僞楚之變舜明挺節不污高宗初除知衢州尋提點江東刑獄建炎三年防遏盜賊屯信州除知江州兼本路安撫制置使劇賊李成擁衆三十萬至城下舜明布列將士召募敢死晝夜接戰賊衆斃踣不可勝計又開門奮擊生擒其將王成等賊攻益急舜明輒以計破其營呂頤浩率巨師古等鋭欲解圍師古兵敗援路遂絶經冬及春饑餓枕藉將士至食妻子終無降賊意及力益困遂舉兵決戰大破賊寨以出時人謂舜明藐然孤壘制賊横潰使不轉入東南其功居多頃之召爲右司員外郎直龍圖閣發運副使還爲左司郎中復

以祕閣修撰充江淮荆浙隨軍轉運使權戶部侍郎曹成馬友據湖湘反側未定命舜明往招撫遂以二賊入朝韓世忠劉光世駐軍江上朝廷以舜明計臣俾置司建業以總經費調發犒賞百須以給總領之置自此始丐閒除集英殿修撰提舉太平觀進徽猷閣待制卒贈太師著有文集十卷奏章三卷補楚詞一卷子宏寬憲嘉泰志 祀鄉賢

姚宏字令聲舜明子少有才名呂頤浩薦爲删定官以憂去秦檜當國謂人曰靖康末舜明與某俱位柏臺上書粘罕乞存趙氏拉其連銜持牘去經夕復見歸竟不簽名此老純直非狡獪者聞皆宏之謀也或告宏宏曰不然先人當日固書名矣今世所傳秦所上書與當日持來者大不同更易其語以掠美名用此誣人以僕嘗見之所以見忌已而言達於秦秦大怒會宏調衢

州江山縣適亢旱有巡檢自言能以法致雷雨試之果驗而邑民訟其妖術惑衆檜遂逮下大理死獄中宣和間宏在上庠有僧妙應者謂宏云君端午日伍子胥廟中見石榴花開則奇禍至矣宏初任杭州監稅三年不敢登吳山後調江山令自其諸暨所居赴越值大風雨憩路旁小廟庭下榴花盛開詢之則伍子胥廟其日五月五日也會稽續志 同治志按周志補遺宏與弟寬皆註戰國策吳師道嘗重其書以宏所註深得古人論撰之意又云宏節義學問如是而不得與寬憲同祀鄉賢何謂此所宜補入於祠者

姚寬字令威以父舜明任補官少有令望初官江東按撫一時名流爭禮致之呂頤浩李光帥江東皆招置幕中傅崧卿繼至以主管機宜文字辟之辭不就崧卿移書交舊有愧恨之語秦檜執政以舊怨抑而不用寬亦不屈已求進後以賀允中徐林張孝祥等薦入監進奏院六部門權尚書戶部員外郎兼權金倉

二部屯田郎樞密院編修官寬博學強記於天文推算尤精完顔亮入寇中外皆以爲憂直云金百萬何可當惟有退保爾寬獨抗論阻止且上書執政言今八月歲入翼明年七月入軫又其行在已巳者東南屏蔽也昔越得歲而吳伐越吳卒以亡晉得歲而苻堅伐晉堅隨以滅今敵人背盟犯歲滅亡指日可待又推太一熒惑所次寇必滅之兆未幾亮果自斃從上幸金陵以其言驗令除郎召對上首問歲星之詳寬敷奏移晷復論當世要務奏未畢疾作仆於榻前上面諭令優假調理疾愈復入對後一日卒上甚念之特官其一子且用其弟憲於朝寬詞章之外兼工篆隸及工技之事嘗謂守險莫如弩因裒集古今用弩事實及造弩制度爲弩守書以獻且請用韓世忠舊法以意增損爲三弓合彈弩詔許之既成矢激二里所中皆飲羽又嘗

論大駕鹵簿指南車得古不傳之法他所著有西溪集十卷注司馬遷史記一百三十卷補註戰國策三十一卷五行秘記一卷西溪叢話一卷玉璽書一卷注韓文公集未畢尚數卷寬每語人曰古稱圖書豈可偏廢故其注史記戰國策辭有所不盡必畫而爲圖最長於詩葉適云寬古樂府詩流麗哀思近體詩絕去尖巧乃全造古律加於作者一等矣爲當世推重如此卒年五十八會稽續志祀鄉賢

姚憲字令則父舜明兄宏寬皆以博學知名憲以父任補承務郎監臨安府糧料院秀州海鹽丞歷龍游宣城丞知臨安府仁和縣仁和赤縣尤煩劇憲資強敏日未晡吏已散去獄無繫囚秩滿知秀州土豪錢安國居大澤中重湖深阻舍匿亡命爲奸盜州縣莫敢詰憲至部擒安國及其黨焚其巢穴州里遂安浙西

大水蘇常爲甚憲請輸粟萬斛以賑上嘉其能勅書獎諭除提舉浙西常平茶鹽公事還提點刑獄又以直秘閣知平江府時羣盜毛鼎等出沒海道爲商民害名捕勿獲朝命轉屬憲不數月卽擒之除兩浙轉運判官進直敷文閣知臨安府累遷中大夫參知政事監修國史俄以端明殿學士提舉江州太平興國宫又落職南康軍居住復端明殿學士知江陵府卒年六十三其在江陵前帥頗厲威嚴治盜不少貸憲繼其後嘗語客曰故帥得賊輒殺不復窮竟姦盜屏跡自僕至獲盜必付有司在法當誅者初未嘗輒貸一人而羣盜已稍出矣僕平居雖雛卵不敢妄殺今甯以疲輭不勝任去安忍濫及無辜哉人以此益推長者　嘉泰志　明山陰張元忭云姚氏父子昔志皆云嵊人而諸暨志乃云暨人且言墳墓子姓俱在當必不誣然以兩邑鄉賢祠考之嵊及暨並祀舜明而寬及憲則但祀於嵊自宋迄今秩祀已久豈舜明初居暨而二子遷於嵊耶若如暨志以

爲自嵊而遷暨則暨之祀不應遺二子矣按舊志明季永富鄉溪涂水汰出社廟碑乃宋時置文内有鄉人諫議大夫姚憲之文知屬剡無疑焉　祀鄉賢

呂祖璟字大誠敏而果勇通曉師律紹興中薦授淮南安撫幹辦尋陞安撫使訓兵撫士恩威明信兩淮盜賊不警上聞論賞以疾告歸周志　張志祖璟爲規叔子祖謙再從弟始居貴門里篤學高節　祀鄉賢

周汝士字南夫上世姑蘇人避五代亂來家剡至大父瑜號稱素封聚族千餘指闢舍購書聘名士訓子孫暨宗姻之有志於學者汝士天資穎異紹興閒與從兄世修世則及永嘉王十朋同遊太學世修補内舍生明年汝士與世則及弟汝能同舉於鄉汝士遂登進士授右從事郎永康縣丞太常簿進左奉議郎主管台州崇道觀以憂歸先是汝士既及第即延王十朋課其子弟汝能遂登王十朋榜自是一門登科者七人與鄉薦者十數

人文物之盛爲邑首稱由汝士發之也家有淵源堂製先聖十哲像列七十二子旁爲五齋蓋古家塾之遺意云張志祀鄉賢

趙子潚字清卿秦康惠王後登進士調眞州刑曹掾與守爭獄事解官去改衢州推官胡唐老奇其才任之屬時多故子潚佐唐老繕完城具苗劉兵至城下不能攻累官戶部郎中總領江淮軍馬錢糧諸司饋禮月千緡悉歸公帑除兩淮轉運朝廷遣人檢沙田蘆場欲增租額子潚力止之時議者言田之並太湖者被水患宜分導諸浦注之江詔子潚案視還言太湖當數州巨浸豈松江一州所能獨洩昔人於常熟北開浦二十四以達大江又開浦十於崑山東南以入海今皆湮塞宜加疏浚從之水患用息知臨安府禁權家僦人子女爲僕妾者金人議和子潚謂事情叵測宜待以軍禮孝宗嗣位圖恢復子潚練兵爲鵝鸛

魚麗陣上觀於便殿嘉之移沿海制置使臺諫抗疏留之帝曰朕委以防海行召還矣初海寇以賂通郡胥吏吏匿其蹤跡遂大熾商舶不通子潚以禮延土豪俾率郡胥入海告之曰用命者賞否則殺無貸胥衆震恐爭至賊處悉擒獲海道平移知泉州吏有掠民女爲妾者其妻妒悍殺而磔之盛以缶抵其兄興化掾廨中妾父詣郡訴吏不決子潚訪知狀亟遣人往興化果得缶以歸獄決其發摘概類此南宋書

單庚金字君範父崇道嘗與朱晦翁友善庚金少承家學克自勉勵以經學舉漕試值宗社失馭不樂仕進居晦溪山中三十餘年日夕潛心經傳闡明聖學家無贏餘飲水茹素陶然自樂也客至則開門延引談證不倦蓋眞以德義自繩者所著有春秋傳說分記五十卷春秋傳說集略十二卷論語增集說約若干

卷晦溪餘力稿若干卷張志

張俁字仲碩性穎悟究心墳典隆興中以獻策授迪功郎後連領漕薦除龍泉縣主簿當官廉勤吏不能欺轉婺州法曹內翰洪邁李穎彥舉俁獻議平恕轉儒林郎晉通直郎致仕賜銀緋乾隆李志下同

費元亮字文明乾道二年由明經發解補太學生越三年薦名試禮部初授江山尉歷樂平推官審囚平恕明決以恩陞江州太守引病歸隱於秋山麓之秋湖自號秋湖居士

商日新字道夫又新之弟博通經史理宗時蕭山張秋巖薦授太子學任翰林學士咸淳間與同列議論不合上疏致仕詔餞於錢塘門外賜以金帛舉朝榮之

許梟字養浩詢之後父鵬飛字圖南深於易梟遂以易舉景定辛

酉亞魁明年賜南宮第二教授金陵累官太學國子錄時丁大全用事諸附麗者皆通顯有沈翥者爲之腹心藉勢輒禍善類太學六館士以上書獲罪徙他州時劉黼寓越在遣中臬往見之義形於色作書切責翥翥怒將并置於法臬怡然曰吾以此得罪夫復何憾時論壯之後宋亡避居東陽卒葬焉子薦張志祀鄉賢

許瑾字子瑜元度之後居東林博極經史嘗從朱子遊明於理學新昌俞浙狀其行曰子瑜學博而正行峻而和文麗而則君子人也學者從之隨其資稟皆厭足所欲稱爲高山先生宋亡徵辟不就家藏書千卷至老不釋手後喪明以口授後學所著有春秋經傳解十卷文稿若干卷乾隆李志　同治志按朱子於甯宗慶元六年卒迄宋亡相去殆八十年時瑾尚存當不及事朱子矣嘗從句疑誤舊志相沿姑存俟考

趙炎字光叔咸淳乙丑進士由義烏簿轉金華令陞鎮江府推官入爲刑部架閣權員外郎炎與平章王爚爲故交責其依違賈似道非大臣體爚遂上章劾似道似道坐貶炎及爚亦罷歸張志

元

胡宗道宋尚書璟之後任江西貴溪縣勾稽簿案當閩越之衝綜理煩劇愛民如子解任歸士民傷之萬曆府志

許汝霖字時用臬之曾孫至正辛卯進士初授諸暨州判官累官國史編修已而退居越張士誠據淮浙羅致士大夫霖遯走求之弗得遂歸隱洪武初徵至京未幾乞歸宋濂贈以詩文汝霖穎敏博雅嘗秉脩邑志所著有東岡集禮庭遺稿乾隆李志同治志按許氏多賢汝霖淵源家學其出處大略相同舊志列於隱逸殊未賅括今改入鄉賢

明

劉性傳字士原元季兵起散家財聚兵以捍鄉邑號義兵萬戶及明太祖駐金華乃率衆歸附陳匡國安民之策數千言稱旨擢中書門下侍郎固辭改陝西鞏昌知府地近朔漠民物凋敝性傳撫輯軍民恩威並著邊境以安萬曆府志　兩浙名賢錄明初良牧以性傳爲首

邢雄原名應熊字仲舉至正末流寇騷擾焚邑民舍學宮並爲灰燼時縣尹無人朝命不及雄以廉平篤厚爲邑推擇攝令事當兵燹之餘招集流亡督修學校四民復業亂世賴之明師駐金華與弟應麟同歸附官至侍御應麟有捍衛鄉里功授海寧州指揮使世襲千戶道光李志　同治志按邢雄舊志誤作邢容列於縣尹雄以邑人攝縣令非受朝命其服官乃在明代與劉性傳相類性傳舊志列鄉賢雄亦當列此

屠任字彥任居了溪家貧好學善詩文兼精篆隸洪武癸酉舉明經科授蕭縣訓導遷河南武陟縣在任九年毫無苟取有餽瓜

菜者曰此苞苴之漸也拒不受永樂中擢刑部山西司主事卒於官昇櫬歸葬惟篋書敝帚而已周志

史道志字孟禧居昇平鄉洪武己卯舉於鄉授大寧都司斷事改四川都司贊理軍政慎重明決用刑惟慎上官奏其能將遷秩會疾卒乾隆李志

王復臯字原古永樂閒貢入胄監與修永樂大典越七年書成授工部營繕司主事改虞衡司居官廉介以能名卒於德州官舍周志

樓希賢舊志作婁居三十四都宣德閒以歲貢授福建福甯合邑軍民雜處富軍横取民息希賢申禁不敢肆嘗築堤二十餘里瀕海爲陡門以時蓄洩田無旱澇患民咸賴之未幾卒於官乾隆李志

王玉田居東隅自少端飭崇尙名節宣德中歲薦入北雍與蕭山

魏驥定交詩文相贈答任江右永豐令一秉清操先教化而後課督卽輸額必量緩急體恤民隱靡不至有巡方使莅豐欲朘取之以乘輿舁修玉田曰輿固完好何修爲卽上牒告終養歸槖蕭然林居數十年贊修學校興革利弊里中德之年七十九卒張志

黄孟端字正夫居穀來鄉宣德舊志作正統閒貢授福建延平同知居官儉約服食如韋布時值妖賊鄧茂七爲亂蔓延延平時闕守孟端專任郡事矢志固守與城存亡爲詩有保固危城全我節捐軀自是一毫輕之句賊平而孟端竟以積勞成疾卒民哀之周志下同

王樞字克愼居東林景泰中貢授甯國推官剖決明敏獄無寃滯南陵有富民賂顯要誣奪人山樞鞫實斷歸其主有丁婦鄰少

寡其叔挑之鄰欲聞於官叔懼誘母訟鄰不孝守將刑之樞廉得其情爭於守曰公不惜一婦人獨不惜寧國郡三年不雨乎守悟鄰獲免期年以疾卒槖無餘金民爭出錢爲賻其子某謂不可以喪故汚吾父盡卻之太守聞而嗟異各捐俸以助乃得歸葬

謝廉字允清居清化鄉順天軍衞籍景泰甲戌進士除刑部主事遷郎中以廉明稱成化間眞保等郡民饑廉奉命往視設法賑濟招撫流還還定全活以億萬計事竣上加賞勞明年遷河南參議總督七郡糧稅革弊除奸軍民仰之未幾以勞卒

張世軒字晃之冑之子景泰中以鄉舉除廣州府同知時兩廣嵓蠻爲亂率兵勦除居民安堵或謂世軒厚賂中貴功可躐還顯職世軒謝不爲都御史韓雍將上其績丁父憂歸服闋補臨安

府操履益堅尋遷兩淮鹽運司致仕著有巽齋稿張志下同萬曆志作張軒周志云考墓誌行狀俱名世軒

王暄字時暘鈍之子貌豐偉聲如洪鐘幼承家學淹通羣籍成化戊子舉於鄉壬辰成進士授南京禮部儀制司主事三載考績敍云敦厚以存心精詳以措事儀容旣偉典禮能勤轉郎中尋陞南康知府或云簡僻與君才不稱暄曰昔濂溪考亭兩先生嘗守此建白鹿書院宏暢教澤吾正可承此以彰吾家學羅太史璟贈詩曰白鹿洞幽宜設教青牛谷美趁題詩甫五月政通人和百姓戴之以勞瘁卒於官

張燦字蘊之號騃軒冑之從姪天性孝友父跛不能履背負終身弟病癡爲養贍至老嘗從羅玹學經史一覽不忘爲詩文操筆立就所著有騃齋集二十卷擬騷二十章善眞草書太守重其

文行折節遇之周志下同

祀鄉賢

杜傑字世英居五十五都成化戊子順天鄉舉初令夏邑改文登遷湖廣辰州通判直隸延慶知州致仕居官三十餘載操履純潔如一日還家閉門卻掃蕭然四壁晏如也年八十餘卒卒後數十年有容美兵調至浙所過擾掠經傑門相戒莫敢犯更餽遺以去

丁哲字以賢居二十三都成化甲辰進士授刑部廣西司主事遷郎中志節皎然時中貴李廣負上寵縱其黨殺人事下刑曹諸郎皆相顧錯愕不敢承訊哲大笑諸郎曰公甯有意請以畀焉哲首肯立逮至掠治之廣遣使持尺書爲地哲對使裂其書掠治如故曰殺人當死我急不能須臾斃之杖下廣大怒中以事罷歸哲門吏徐圭者憤哲冤家貧鬻女爲資具疏闕下擊登聞

鼓欲自刎給事龐泮救得釋復爲論列疏聞召哲至京孝宗御皇極門親訊之得實廣論罪哲所殺雖當坐無爰書不具獄貶濮州知州圭以貲當補濮州同知奏圭屬不敢抗禮改他州哲還蘇州府同知致仕進階知府哲善詩年九十餘卒圭歷官僉事所至有聲李府志祀鄉賢

周山字靜之泰之子成化庚子舉人孝養祖母扶持不離學訓林元立死無子有母年八十山扶櫬掖其母歸閩更爲築墓乃返初知德州丁父憂歸協修邑志補保德州設社學勸農桑刻冠婚喪祭圖式民知有禮創纂保德州志建義倉義塚救災恤患上下和悅六年卒於官民哭之哀祠祀之著有太極圖解安齋集周志祀鄉賢

周嶧字魯之端厚有學弘治間歲貢任寧縣訓導一生坐誣罪爲

力白之還鄞縣教諭士率其教引年家居絶跡干謁縣令張暄性寡合獨加禮焉著有古愚集乾隆李志

杜民表字望之傑子也正德丁丑進士初知鉛山慈而介視民如子宸濠之變決策守禦民賴以不擾尋拜御史大禮議起忤旨廷杖罷職掖父南還承懽晨夜家業蕭然不計也臺省禮薦皆不報鉛山人祠祀之勒銘云道上有青天之譽獄中無白日之冤周志

陳叔還弟叔權俱起家掾吏叔還正德間授廣東海陽丞不取民一錢或諷之曰子更何冀而自苦乃爾討若官不過多得錢耳叔還笑不答頃之拂衣歸叔權爲直隸懷寧縣尉清白不愧其兄時宸濠亂委給軍餉毫無染指或勸其爲子孫計叔權曰令子孫佚樂而我先污辱弗能也堅厲如初致仕歸家徒壁立兄

弟躬耕終其身略無悔色張志下同　周志云世方以資格限士右明經貢舉而左胥徒觀兩陳則士何可以資格限哉以彼其清而破格物色之假一以風百則人人勸矣奈何居官澡雪而當路不知返里貧窮而有司不問非無力爲如兩陳而不自沮喪者幾希矣予故傳兩陳著其名不朽以示所風也

王淵字本之玉田之孫正德間貢入北雍充按差巡書入閣積書千餘卷博涉有文采授燕山右衞經歷尋改蔚州左衞出納惟允考績貤贈父母陞永春令清白得上官譽二年致政歸永春人攀留不得乃追送百餘里淵致書代者曰毋易我政毋勞我民殷殷於去後如此登籍十年田不盈頃復捐擴先世祀產幷設杉瑞潭義渡年七十六卒

馬輝字文曜居五十四都嘉靖元年以貢授江西瑞昌縣知縣一塵不染而豈弟宜民教與養皆身任之越二年致仕歸士民泣留如失父母乾隆李志下同

周謨字居正用彰之後事父母至孝性端方步履言笑皆有常度讀書手不釋卷體究極精義利之界斬然嘉靖間貢授靜海訓導傷親勿逮養設位祀之晨昏進膳遇諱日則泫然流涕待諸生嚴而有體爲講授經史亹亹不倦釐正鄉飲昏喪等儀以化其俗學者仰之如山斗致仕歸諸生揮淚別子汝登歷工部尚書贈如其官祀鄉賢

裘仕濂字子憲居二十九都嘉靖甲辰進士初授常州推官操持廉潔讞獄多所平反尋拜御史風節凜然刷卷河南校勘積案以勞瘁卒濂樸愿儉質舉止端重斤斤以禮自繩雖貴無媵妾疾俳優不一注目拜御史旋里即族黨訟事避不以囑有司人稱悃愊老成云子嘉棨自幼好學至長益力敦孝友進退容止以禮年二十餘爲諸生夭死人咸惜之周志

喻袞字朝章弱冠赴郡試寓旅舍如廁得遺金時已薄暮擬詰朝訪還夜分夢中聞爭競聲覺而詢則客疑主盜主罪客誣兩不能辨相持赴水袞急呼人拯之起出所拾金並告以故事乃白事母至孝一切供奉皆身任之遵父遺命課諸弟專一讀書幼弟襞得成進士子思化中嘉靖辛酉應天鄉試除知與寧縣袞教以居官愛民之道卒爲循吏三舉鄉飲大賓後以孫安性貴贈資政大夫兵部尚書（乾隆李志下同　祀鄉賢）

喻思化字伯誠號石臺舉嘉靖辛酉應天鄉試授與寧縣知縣與寧多藝靛爲業前令私稅入已稟思化請諸上官改充兵食丁糧并一切蠹竇剗洗民大寬省而學校廨舍橋梁道路俱次第修整會猺夷作亂思化開誠招撫數千之衆立時解散嘗以此輩皆可爲善乃立社學聚其子弟而教之漸成善類思化政持

大體剛方廉潔清風播滿湖湘三年以勞瘁卒上官及僚屬百姓咸哀痛之萬曆甲辰入名宦祠子安性祀鄉賢

周夢秀字繼實震之子爲邑諸生自少以道學名潛心篤行瞻視不茍已而讀竺典有悟屏絶世味惡衣糲食晏如也性好施囊錢不畜有所入輒分給親友之貧乏者時例廩生限年起貢次當及夢秀義不敢承以讓友事父孝父亦賢智其子復宅爲寺詳周震傳夢秀實成焉生平志行超卓時以天下蒼生爲念日練習世故采諏人物習博士家言與海內作者稱雁行嘉興陸光祖謂爲三絶學絶行絶貧絶也年四十六卒鄉人賢之請祀於學宮太守宛陵蕭良幹題其墓曰高士周志

王尙德字惟本誕之子讀書洞名理居恆以做人難自勵善體先志撫弟妹最篤金庭觀右軍祠舊有祀田爲有力者勒充兵餉

命子應昌別置田四十畝還覲中其他建毓秀亭砌陳公嶺築
水口堤凡可利民無不舉行以子應昌貴封奉直大夫定番州
知州年七十六卒著有詩文及做人難詞乾隆李志下同　祀鄉賢

王應昌字家文向德子少有夙悟與周海門定交密省已過佩簡
以比韋弦萬曆癸酉領鄉薦除知邵武縣潔已愛民折獄平允
不取贖鍰摘發奸胥濫派歲省二百餘金置社倉十有七廒廒
皆儲備適旱澇相承百姓告饑迫不及待應昌乃籍災民三千
餘戶戶給穀一石當事責其擅發督追還半應昌立捐俸補足
不以擾民還判大名府查出附餘米三千百餘石以充市本撫
按交薦擢守定番州所屬蠻長自以逋深罪重負固不出應昌
至悉捐宿負予以自新創右文書院拔其尤者考課之邊方文
風翕然與起蠻長黃獅倡亂奉詔討賊時督餉在軍王師敗績

應昌挺身獨殿幾爲賊中而以馬逸免踰月大舉克之應昌爲餉道所扼降級歸後敘平賊功復補解州尋轉雷州府同知多惠政民立祠以祀母老乞休家居二十餘年足跡不一入城市至存祖母石氏之祀佃金庭右軍之田復家塾修族譜置義塚具見古處二云卒年八十二著有居彝雜錄拙拙集宗旨證參祀鄉賢

周汝登字繼元謨之子讀書過目不忘年十四而孤十八爲諸生二十四師山陰王龍谿示以文成之學輒領悟萬曆丁丑第進士授工部屯田主事督稅蕪湖稅額舊歲二萬內部議增倍之汝登不忍横征以缺額謫兩淮運倅時商民皆健訟不習禮爲講鄉約刻四禮圖說訓之統轄十場場建一學捐俸置田以充社師費又於東場建總學月會十場之士而身自提撕習俗丕

變陞南京兵部車駕司主事轉驗封司郎中南都講會拈天泉證道一篇相發明許敬菴言無善無惡不可爲宗作九諦以難之汝登爲九解以伸其說弟子日益進執贄者千餘人陞廣東按察僉事疏乞終養不允陞雲南參議再疏陳情得旨歸里與會稽陶石簣及郡士會於陽明祠曰陽明遺教具在正當以身發明從家庭間竭力必以孝弟忠信爲根基勿爲聲色貨利所玷染習心浮氣消融務盡改過知非絲毫莫縱察之隱微見之行事使人知致良知之教原如是也陞南京尚寶司卿署京兆篆陞太僕寺少卿爲滁人修社學置義田陞光祿寺卿尋陞通政使司晉戶部右侍郎致仕歸汝登爲政以教化爲先不事刑罰故所至有慈祥清白名通籍五十年林居三十餘年不畜財不治第不營産年八十三詔起工部尚書未任卒學者稱海門

先生擬諡文昭賜祭葬如例著東越證學錄聖學宗傳聖行宗系四書宗旨程門微旨王門宗旨助道微機楊邵詩微語錄或問各一卷幷修嵊邑志乾隆李志下同祀鄉賢

董子行字明卿萬曆丁丑進士爲侯官令吏才精敏奉詔丈田汰浮米無算縣西有石門峽江水爲患子行建議塡塞方舉事徵爲御史巡按山西陝西後令周紹聖循其議築之歲獲有秋

周夢斗字繼奎性端介善屬文萬曆丁亥以貢除知閩清縣專務德化不事扑責養廉外杜絕苞苴有以金餽者拒不受當事薦揚之

周夢神字繼存居邑西隅弱冠補諸生試輒高等貢入大廷以繼母病不赴及歿廬墓三年嘗捐貲治祖塋建宗祠開鑿道門造西橋井周卹無告者年八十餘日手一編不輟學使循例給冠

帶子應昌父喪廬墓應昌子有覬刲股療父世有孝行邑令表其門祀鄉賢

喻安性字中卿號養初思化之子偉丰姿饒膽畧爲弟子時卽以天下爲己任萬曆戊戌成進士授南昌推官平反無寃朝議欲採金江右安性繪地圖力陳不可上爲之動色乃撤其使秩滿以卓異擢禮部主事遷吏科給事中首劾司禮監成敬亂政撓法關係宗社生靈神宗置諸法羣黨搆孽遂左遷羅定州判時倭踞香山嶴勢猖獗臺使者欲發兵剿安性單騎往諭以利害倭慴服遁去不折一矢而數百年之積患頓消人服其膽識推邊才補昌平副使按察密雲滿旦索賞蹂躪內地安性曰是藐我也不可以惠行率將尤世祿等整兵而前遂望風納款敘功陞順天巡撫順永災祲請帑十萬以賑并奏免賦役加派中貴

程登擅催牧地租徐貴擅駐天津采鮮並爲民患安性劾罷之又疏參監陵劉尙忠等七人蔑視臺使譁譟無禮奉旨鞫治閹人漸知斂跡陞遼東巡撫爲奸璫魏忠賢所憚又惡不投一刺矯詔奪爵崇禎改元忠賢敗薦陞兵部尙書兼右副都御史總制薊遼練士卒防要害竭蹶供職而遼撫王應豸御兵無法遂以缺餉鼓譟安性至乃帖然解散後以朝議苛求解職歸安性秉持介節在朝不比權奸居鄉不干郡縣中外畏而敬之雖家食十餘年語及邊事卽起舞聞邊報未嘗不欷歔泣下也嘗建議改常豐秋折鄉里祠祀之年八十一卒著有易參養初文集祀鄉賢

鄭化麟居德政鄉幼慧敏於學由拔貢登萬曆癸卯順天鄉試以父老思祿養陳情乞職授弋陽令甫除職而父歿後補詔安恪

守庭訓以施於官報政陞廣信府同知拔士棘闈得士望攝二千石上計銓曹左判開府署黃縣蘇民徭役尤加意恤士復其力役遷常德判減商舶稅職司詰盜冒險擒渠魁十八人以積勞成疾遂解組歸八閱月而卒子自強由北雍上舍拔授忠州同知有山居南北遊詩集

王心純字化遠沈靜多慧父應昌家政嚴肅能以孝謹得歡心弱冠補弟子員師事海門究心理學萬曆乙卯舉於鄉授虞城縣教諭訓諸生以變化氣質爲先崇禎戊辰成進士選龍巖令丁父憂哀戚若孺慕理家一如其父服闋補清江縣緩刑寬課視民如子建書院講學以海門心旨爲提撕癸酉分房所取皆名士戊寅行取授刑部主事旋召對即改兵部歷武庫司提督武學職方司轉副郎己卯典試四川首正文體庚辰陞揚州兵備

僉事道兼理漕鹽驛傳下車葺王心齋祠集士子講學時寇氛震警沿海兵汛卒廢弛無紀心純巡視督責守將悉得尅餉缺伍狀慨然曰國事如此尚可爲哉以忤時調遣歸臥龍山日與知交講學不輟承父志復右軍祀田四百畝建坊以表先節而陳當事復秋米折色則尤德及鄉里者著有兵部奏議詩文二卷祀鄉賢

周光復字元禮號見心紹祖子也年十三受知學使者爲諸生試輒高等有奇童之目弱冠舉於鄉萬曆庚辰殿試二甲第五名拜行人司行人奉使西域餽遺一無所受復命晉工部侍郎時修宸宇光復力主節束與同僚議不合左遷益王府長史人咸爲扼腕而光復曾無憾意日寄情詩酒著游梁草益王爲之序弟光臨字元敬拔貢生博洽能文以親老兄仕不復謁選著有

名山息遊一時公卿多與訂交稱周氏二鳳

尹鼎臣字士德居東隅天啟辛酉舉於鄉歷旌德金壇教諭遷澄海令剔除船稅平反寃獄邑多豪右撓令權鼎臣執法不少假卒爲擠陷左遷淮安府照磨時江淮騷動委署桃源篆監理船廠有能聲遷黃岡令知時事不可爲隨解組歸邑令以賓筵薦不赴一日坐談如常擁衾而瞑年八十七

吳廷珍字文翼居崇信鄉三歲喪父母植節教育之廷珍克自砥礪弱冠以第一名補諸生請揚母節得邀旌典崇禎戊辰恩貢授濂州府通判撫字備至會郡守缺士民請於撫按願借署理而雷州士民亦以缺守請改署雷至爭不能止靈山縣學廩缺額僅踰十名力請廣教且捐俸置田以充廩餼一時風聲丕振遷雲南和曲州知州丁艱歸即於母建坊處拓地立祠祀之歲

歛體毋志分俸給宗黨全活多人撫從子如己出年六十九卒

厲汝恩字君戴性和坦以遷善改過自礪弱冠食餼入試棘闈兩登乙榜師事海門卓然以理學自命貢授景寧縣訓導景寧僻陋士風不振汝恩進諸生月試其藝而上下之勉以孝弟名節引入於理性由是知有心學未幾卒於官諸生潘一賚等請祀名宦景寧令徐日隆移關嵊邑嵊諸生葉應茂等請祀鄉賢不報

尹志凝字伯光立相子崇禎癸酉順天舉人父卒以祿養不逮爲憾處諸弟恭而和季弟外繼幼弟庶出析田必均與人謙愛取與無背於誼任南直定遠令惟務寬徵恤民邑磨盤山盜羅萬傑出沒爲亂上官咸議剿凝親往諭令歸順又常壽五倡亂亦招徠之使邑無揭竿有富室讎誣作叛願以千金爲壽凝堅拒

之爲白其寃鼎革時爲定民攀留不忍去荏苒數載謝事歸里卒年六十有六張志道光志於尹立相傳中注李志云見鄉賢按諸志並無傳今查張志夾敘其父傳內因采其事纂入

清

喻恭泰字大來安性長孫由恩貢授廣西永淳知縣永淳濱左江爲宣横要衝猺獞雜處自明末兵燹後殘燬無完堵至康熙癸卯始置令恭泰首膺其任下車即問民間疾苦興廢舉墜不遺餘力而政令教治因勢利導風俗爲之頓厚秩滿以祖母年邁乞終養歸士民攀留如失父母乾隆李志下同

商洵美字培世號頤山先世家嵊之繼錦鄉後徙會稽洵美少凝重簡默與弟孝廉和並負盛名而洵美尤以沉潛勝弱冠由祖籍補諸生尋以第一名食餼丙子舉於鄉乙未授嘉興縣教諭

一生以負糧發懲洵美詢知貧狀惻然立爲代輸而屬勿言同僚中稍傳其事令聞曰吾慙於商君矣郡守吳某廉知有經濟才凡疑獄必畀詢鞫洵美執法原情多所平反當事咸器重之俟憶故鄉山水朋舊三上章乞休諸生擁留者至數百云壬寅舉鄉大賓雍正癸卯詔舉賢良方正士嵊與會邑並以洵美名達之大憲洵美固辭卒年七十有六著有全史類函

喻坤字蔚齋居邑城諸生年十七父卒哀毀骨立平生勇於赴義董理保嬰局二戴書院創建崇義節烈二祠規復鹿鳴書院尤注意於風俗同光間慶弔往來日益奢坤與邑人約賀奠餽儀以銅錢三百爲率筵燕毋逾九簋自是習俗一變卒年七十七著有詩學一隅行世詩文集若干卷周甲小草若干卷藏於家

錢登達字子穎又字世敏煃第四子性孝友毋餐飯有餘粒必拾

而食之諸兄皆儒不遑問穡事遂耕且讀以資敏學乃有成嘗盛暑樵採歸渴甚趣呼茶比妻瀹茗進則琅琅讀書史呼之若勿聞也富膂力兼習技擊足著地十人曳勿動嘗從伯兄登選率鄉兵禦潰寇轉戰會稽諸暨間有聲事平入邑庠講學於鄉書課讀夜則教技擊農事殷雜傭保操作有近儒顏李力行之風生平直諒不可干以私族某甲以覬產故與登達家有郤惡少乙夜半殺人以誣甲訴之官引登達為證及庭訊登達曰豈有千金之子而殺人以逞者邑令悟乃罪乙而釋甲甲愧感之邑茶運滬銷海外會折閱貸鉅金非登達一諾勿能致也有陶商者託通譯裘某鬻茶於洋商裘利陶不習外國文抑其價事發陶持之急居間調停者以十數陶勿聽得登達一言以解或問以處世接物之方曰居州里行蠻貊惟一誠字爾常以忠信

篤敬訓子弟曰譬如築室誠其基也時以爲名言

儒林

宋

姚鏞字希聲號雪篷一作蓬嘉定十年進士吉州判官以平寇功擢守贛州貶衡陽有雪篷集見宋詩紀事府志

郭綽淳熙十四年進士見宋詩紀事府志

明

單復亨字陽元居晦溪博通典籍尤善詩歌著讀杜愚得十八卷傳於世復亨最愛杜詩故自爲翻注云洪武初舉懷才抱德科授漢陽縣知縣乾隆李志下同

李恆字志常洪武間以貢至京師更名常從王文忠褘使滇南褘殉節死恆與儕輩數人還奏上以爲能授福建延平府同知將之任病目眇其左乃引年歸以琴書自娛自號慎獨居士

求漁字宗尚弟澧字宗衡未齔時父戍貴州瀕行指所藏書囑其母曰以是教吾二子力學爲名儒吾願足矣比長母告之輒相對感泣自是苦志窮經史旁及稗官小説靡不涉獵卒以文學齊名人稱大求小求先生漁善評隲詩格嘗編次越山鍾秀集行於世澧著有蘭陵稿事母至孝兄弟相友愛里閈兩推其行後漁老而瞽澧正統間以累遣戍釋歸卒於途又兩悲其遇云周志下同

王鈍字希敏文高子力學修正動循古道事親甚孝與兄弟終身不析居貢授南安訓導丁外艱服闋赴京會英宗北狩感憤不樂仕且念母老乞終養歸考訂婚祭等式以教族人著有千齋集以子暄貴贈南京禮部郎中

周晟字伯融宋汝士之後天資穎敏博極書史爲詩文有奇思嘗

從王文成遊以所學授生徒性嚴毅難犯士大夫接其言論丰采率傾心焉貢授山東齊河令有治聲未期月丁外艱歸遂不復仕授子紹祖孫光復經史未嘗干與外事

周震字居安謨之從弟生而樸誠弱冠舉嘉靖丁酉鄉試究心良知之學初仕宿松令平徭役集流亡過賢人貞婦之廬必加禮焉改教承天擢通判衡州耒陽大洲賊爲亂震以計擒勦搗其穴集郡薦紳爲石鼓講學會二年謝職歸講學慈湖書院體驗益力生平孝友奉母定省無輟以田宅畀諸弟睦宗黨恂恂長者嘗投牒吏部會其友病卒遂罷選護其喪歸初佔實性廢寺爲宅居三十年并自所置具復爲寺人更難之

馬充字克美居東隅嘉靖十一年歲貢授德安知縣性質直絕干謁明敏博覽有馬書廚之稱居官亦廉謹尋致仕

邢德健字汝行舜祥子居太平鄉礪志讀書稱博洽其學以孝友爲先詩文自成一家貢授蘄州同知廉潔有惠政轉漢王府審理政及歸作聖諭解立家約以教宗黨而辨佛論尤足愓末學云卒年六十六著有崑源藏稿乾隆李志

錢思棠字希召姚江錢緒山高弟厭科舉之學著有心學淵源及文銘詩賦等集與周海門同修邑志同治志下同

錢思邦字本寧潛心理學緒山見上入剡從學甚衆而思邦推巨擘云

王三台字思位居東隅少孤毋知書明大義三台稟毋訓弱冠補諸生師事海門隨事體驗謂聖賢之緒不外家庭遂專意奉毋每日所言所行必以告曰吾無不可對毋言之事無不可對毋言之心痛父不及養終身蔬食祭必備物淚涔涔作竟日哀篤

志好學晚而益密嘗自署曰老年工夫務從簡易念慮一根緊要在是凡有中萌法惟省制凡屬當行道惟勉致靜坐焚香密密檢視循此爲常告之上帝海門歿以師道不傳爲已罪日集同門講會弟子執贄者亦日益進示以文行合一之旨多所造就稱爲衡南先生以子貴封郡倅卒年七十著有四書附注詩經附注衡門文集正學堂詩徵乾隆李志下同

袁榜字仲魁居西隅少習博士業不得志棄去年四十餘始發憤爲學事山陰王龍谿潛心性理擇可而語一跬步皆有繩度嘗開義學教後進王教諭天和折節遇之晚徙居山水間自稱丹泉子有丹泉詩稿

吳伯化字紹南成童補邑弟子篤孝行博洽經傳志聖人之學與周汝登爲老友深相參證力求精進一日病中聞鵲噪豁然省

悟覺天地萬物皆吾一體曰吾向讀五經四子及性理諸書以爲皆聖賢之言聖賢之心而今始言言印我心也舞蹈不能已汝登贈以詩曰乾坤頓覺元非外堯舜方知實可爲又曰始知喫飯穿衣處一笑鳴鴉噪鵲時蓋指此也接引後進必令反求諸心易簡直截故信從者衆卒年九十二子鈺鉉潛心性命之旨人謂有洛水父子風

周紹祖字仲恩居東隅萬曆辛酉貢授寧海訓導躬課諸生日夕不輟有以文行著稱者必多方獎勵之生二子長光復舉進士次光臨拔貢生皆博學有文名人稱是父是子

袁祖乾字清侯居西隅天啟間歲貢生與弟祖憲同執贄海門以道爲己任參求無虛日及海門歿豫章文德翼司李嘉禾代按來嵊會講鹿山書院辨難終日獨心折祖乾一時從遊者多知

名士婁之趙鳴嶔趙鳴峯邑之盧鳴玉其尤也九試棘闈不偶卜居林墅以稼穡代食年七十餘卒著有天洩觳吟子師孔字則學有文名天啟甲子鄉闈擬元以小誤抑置副車著有琴侖蛾術等篇

袁祖憲字章之弱冠補諸生師事海門博通典籍殫心理學有實踐工夫從兄某卒無嗣饒於貲一戚曰與我金當以汝子繼祖憲曰貧富有命吾不願此人服其高曠著有守菴集及類鈔十二卷乾隆李志弟祖元字元之諸生博學多才勇於任事嵊苦米運前已改折順治初議復征祖元邀同志控蘭臺議折如故邑人德之同治志

吳振尹字國超居棠溪里幼失怙恃懼忝所生讀朱子四等人書慨然以聖賢自期立治心篇書要以閑邪存誠復還心體初謁

海門與語不服及反覆辨證始心折執弟子禮嘗憬然有省海門以陳剩夫王心齋擬之卒年三十八時同學者有吳鈺丁美祖皆早夭鈺字孟剛邑廩生殫心理學不分志於功名美祖字中甫兩登乙榜博涉經史每有所疑必書版以待質故聞道最早海門嘗歎曰予一生全賴友朋弱年爲會者八十八士外更有四人今盡淪亡入仕後同參五六輩皆歿然此猶年相若者至晚年從遊若吳國超吳孟剛丁中甫皆少年得力之徒亦相繼夭念之心折云乾隆李志下同

尹志賡字載歌師事海門以學道在主敬凡視聽言動必極端莊雖盛暑衣冠儼如也性至孝居喪有禮家貧結茅山中瓶無儲粟捉襟見肘襪履至踵腓皆見而讀書談道怡然自適與人言不妄詭隨至斥佛老尤侃侃無所顧忌知縣劉永祚建學鹿胎

山延爲小學師辛丑六月十八日曉起整襟危坐與子笑語竟日就寢而卒年六十有九友人徐一鳴王國楨袁尙東等爲置田供祀

吳賡明字颺伯三界人邑廪生性穎悟尤績學於四子五經暨明史各有纂著類能發其義蘊授徒會稽從遊數百人內閣姜希轍太史沈玉集皆其高弟講學之盛比龍溪海門云

吳應芳字佩之振昇子也沉潛靜默振昇命執贄於王思位丁中甫期以力希聖學父歿益自奮勵天啓丁卯舉於鄉歸謁周海門海門爲說以遺之畧言慰父於九泉者不在登科第而在希聖賢應芳竦然請益進曰要在勿忘而已矣一言之發必省曰其毋忘吾父之言教乎一事之行必省曰其毋忘吾父之身教乎一念之萌必省曰其毋忘吾父之心教乎直至口無忘言身

無妄動心無妄萌而後足以慰九泉也應芳拜而受之自是用志益專舉措必循規矩六上春官不第遂絕意仕進與吳鉉王國楨輩聯社鹿山講求微言大義嘗闢圃栽菊花觴詠其下曰正與吾意一般卒年七十六著有棠溪集卦說六十四篇坤貞四則諸書乾隆李志下同

吳調元字君燮居德政鄉髫齡爲博士弟子員師事劉蕺山又嘗從周海門遊殫心理學食餼二十餘年恬退不求仕進教人以孝弟忠信爲本學者多宗之

王國楨字我寧忠襄長子性質直喜獎進善類而疾惡頗嚴博聞強記以第一補諸生爲文力返正始當忠襄之入仕也命家居侍大父承歡養志晨昏惕若及卒視殮畢奔赴居庸而忠襄已仗節死矣叩闕請䘏時大冢宰題請祿廕詔旨久未下或曰今

昌宣總監上所眷注其人折節下士君曷具一牒令爲再題國楨曰不肖止期表揚先烈豈爲身謀果爾是欲不肖因景監顯耶竟扶櫬歸卜居福泉山麓力耕代食著書垂二十年痛闢佛老之教嘗輯邑中文獻作嵊志備考時戎馬旁午而國楨集諸先輩及同志講學不輟卒年五十四袁尚衷輓詩有海闊功夫惟務孝鐵堅護衞只防禪句能得其概云著有勿齋集文鈔刻中詩文集內則徽音敬時錄

丁彥伯字性甫與弟美祖同受業周海門時稱二難由歲貢任安義知縣一日候臺使於郵亭夜分不至晨起獨策騎返吏胥不知也旋乞休年八十餘卒著有蟋蟀吟

吳應雷字起潛棠溪人歲貢生師事周海門究良知之旨崇禎間爲貴州石阡府參軍恩信覃敷苗夷感化晚致仕歸益研究性

理學彌留時惟訓子弟以修德力學數語無一言及家事

清

徐一鳴字文儒居西隅警敏好學爲文偉麗一時名公巨卿咸器重之事父孝父歿事母尤謹弟一鶚以詩文著聲黌序皆一鳴教也生平篤友誼周匱乏置祀田一以敦厚爲鄉里倡崇禎乙亥拔貢入北雍己卯登賢書國朝順治戊戌授廬陽司李平反十有四案出獄者三十餘人督運時革除一切供應黄維河爲立碑紀事會審江寧衛直指以五百三十詞發讞不竟日而判畢直指奇其才挾以隨巡檄取同考閱禮闈所取皆知名士瓜州警一鳴繕署如平時已而捷書果至人服其識五膺薦剡以失出謝職偕儕輩講求鹿山遺緒年六十三卒著有廣平子日集廬吟汗漫遊五經摘解百將評衡廬陽讞語

喻恭復字七來博極羣書年十四爲諸生十五食餼與徐一鳴姚工亮吳調元講學鹿山聯詩文會省試一十三科以副榜膺歲薦將授學博卒著有讀詩補箋

高衡字乃銓居邑東隅弱冠食餼聲譽蔚起從之遊者輒成名士趙起鯤盧象鼎其高弟也課子極嚴長克廣廩貢生次克藩第進士皆承家學卒年七十有二

趙起鯤字雲大恩貢生居東隅精研經史一時知名士多出其門尤好獎掖後進工草書遊屐所至必有留題生平耿介而篤於風義一夕夢整書籍赴會城越日即卒年六十一

盧象鼎字直臣居仁德鄉用義子也學問淵博爲諸生試輒高等晚貢於鄉生平崇尚古樸恬靜無所營而取與特嚴一介云

盧廷翰字則修歲貢生品行端正嘗懸宣聖像朝夕敬禮有事必

焚香告之其司訓仙居也課迪士子循循有法後以年老乞休至八十八歲而卒

朱爾銓字衡章居東隅淹博有文名貢授德清縣教諭時蔡宗伯升元爲諸生日以詩文請質相契最厚遷山東陽穀縣知縣引年歸卒九十四

吳光廷字子昭調元子也康熙壬子拔貢任新城學教諭遷湖州府教授訓士有方湖人比之胡安定云

喻安怡字翼卿居西隅力學嗜古歲貢生官昌化訓導時年八十有四而精神強固日危坐講學未嘗有倦容士被其教多致科名六年乞休歸

宋奭字牧伯歲貢生有至行毋李病劇晨夕籲天請代乃得痊人謂孝感康熙甲寅寇亂會兩親皆背拮据事含殮每以不得盡

禮爲痛性廉介茅屋數椽絃誦不輟爲文務規先正汲引後進如恐不及邑令宋數張泌延爲義學師雍正癸卯詔舉賢良方正當事將以奭應奭以年老辭卒年七十三

宋乾圜字日周邑諸生九歲喪母哀毀如成人事大父尤孝謹性好學於書無不窺闢一室藏圖史旁植竹木日坐卧其中客至輒與研究討論累數千言無倦容非其人則默如也其眞率如此卒年五十一

應朝昌字桂巖博學工詩孝友其天性也康熙戊子舉於鄉壬辰成進士生平赴省郡歸必傍寢門坐卧十日夜然後入對妻子故其所作纏綿悱惻大率皆蓼莪明發之遺入都謁選人皆爲昌賀昌獨歉然自以不逞將母爲憾有冬日書懷云漫道家貧應得祿翻成親老不知年可以想其至性矣授廣東肇慶府開

建知縣未任卒著有桂巖詩集道光李志
商盤字蒼雨號寶意世居嵊寄籍會稽年十九著有小山叢桂集
而髫齡所作新蟬詩紅葉白燕等賦已爲時藝稱雍正元年拔
貢成均庚戌舉進士以知縣用次日特旨改庶常習國書散館
授編修充八旗館國史館纂修進經史講義數上封事乾隆戊
午獻臨雍頌耕籍詩皆爲上嘉納以祿養自陳乞外任前例所
未有也得廣西新寧州牧以其親老改鎮江郡丞既而權海州
牧及南昌令南康守調太平郡丞以督造戰船居吳門二載外
憂服闋補施南郡丞攝守篆旋督糧艘北征甲戌擢梧州太守
年五十有四矣既入粵而知梧州者已易官乃權鬱林牧及太
平守尋補慶遠府歷四年移守鎮安又三年持繼母服去再補
雲南守丙戌移守元江明年大兵進勦緬甸盤跋涉行間感觸

瘴癘六月渡清水河霪雨如注露處馬家檳榔園一晝夜病大作歷旬日而卒蓋以死勤事者也著質園詩幾及萬篇採清朝越州人詩數千首爲越風若干卷行於世蔣士銓原傳

裘式玉字行佩敦古道通經籍家貧不治生產殫精誦讀寒暑無間乾隆壬申舉於鄉北上裘文達甚器重之歸里講學成就後進甚多易簀時猶手不釋卷著有四書解鹿野文集道光李志下同

張衮字龍光居永富鄉邑廩生少博經史善屬文制行敦謹授徒以嚴見憚邑中知名士多出其門嘗佽鄉會試田并勸伯叔兄弟共割腴壤以襄美舉師事裘式玉能得其傳精通理脈著有學庸講義行世

周大用字西崖開元人少有至性年十六丁毋艱哀毁成疾久不瘳好學博覽文名藉甚乾隆乙酉科拔貢任寧海教諭篤於訓

誨士風丕變告歸士林思之不置爲繪圖以尸祀之制藝數卷已梓行其餘著述俱藏於家同治志下同

劉以觀字國風歲貢生居太平鄉家貧早喪父下帷益自刻苦授徒多成合器以母老不就遠聘冀二季成立教姪成名性溫而肅言笑不苟雖盛暑無袒裼人嚴憚之終以觀世數十里閭閻訟箝口鄉賴以安道光二十四年七月蛟水壞父墓號泣溪邊不入水漿累日遂成疾卒年八十有七

喻道鈞字珊亭明孝子祿孫後父經邦歲貢生有從子某失怙恃招同居數十年無間言父卒鈞析半產與之嘉慶丙子舉於鄉掌教剡山書院八載以白鹿規訓生徒出其門者多以文行著選授義烏教諭兼主講繡湖書院以教剡者教之士皆悅服倡修奎光閣萬仞坊以振文教歲荒辦賑全活無數在官十二年

卒道光戊子同繕邑志著有聽秋山房詩賦文稿若干卷此君軒吟草一卷

邢復旦字春初號縵雲博學善屬文嘉慶戊辰舉於鄉由教習謁選任貴州天柱令其地民苗雜處號難治甫莅任即蠲俸葺書院復勸邑紳捐產得膏腴百餘畝爲修賞資公餘輒進諸生而勗礪之士始知奮在柱三載以伉直忤上游意解組歸宦橐蕭然掌教剡山書院凡十餘年士論歸之性孝友析猶子產推多讓肥居鄉糾設義倉增置學田事之有裨於公者率以身倡論者謂其出處之間無不隨分自盡云著有左國繹義及思補軒詩文稿藏於家

袁子喬字升甫居城西治經宗漢學嘗手鈔皇清經解全部或叩其故曰借手鈔代口誦亦涵詠致知之方也任湯溪教諭倦游

歸佐知縣陳國香建二戴書院著有冷署雜吟未梓新纂下同

邢昉字小雲歲貢生績學知名入京師以父門人內閣學士李品芳薦之於倭相國仁相國深器之擬登薦牘昉固辭旋歸家閉戶讀書不慕榮進督學使者徐樹銘按臨浙江瀕行相國語之曰邢昉浙名士幸物色之學使囑赴優貢試卒不應其高致如此

嵊縣志卷十四終

嵊縣志卷十五

人物志

文苑

明

張胄字仲翼少聰敏年十三能爲雪賦既長從天台顧景藩遊肆力於古文詞嘗聘修輿圖志新昌楊給事信民以經學該博才堪任使薦不報遂絕意仕進徜徉溪山間自號西溪子著有西溪集卒年八十餘以子世軒貴封奉政大夫乾隆李志下同

錢悌字舜夫居長樂鄉性耿介博覽經史善屬文詩尤沉鬱藴藉著有古齋詩文集邑令許岳英聘修縣志悌叔汝貫弟經樵俱善吟咏而經樵尤有古行爲鄉邦推重

夏雷字時震居西隅弘治己酉舉人性和易有才工詩善眞草書

輯縣志搜訪山川人物纖悉靡遺知湖廣羅田縣甫十月卒於官嘉靖間郡守張明道隆慶間邑簿江一鳳爲立石表墓

錢善祥字應楨敦孝友邃於尚書兼通歷數嘗與朋舊遊林壑間唱詠爲樂自號敬齋著有敬齋吟稿若干卷同治志

沈三復字甫甸居德政鄉性明敏未及冠博通今古值明季遂隱不應試清定鼎或勸圖進取不應晚年課子孫以德行爲先著訓子十諭功過錄日新銘皆有裨於世教康熙乙亥卒年七十新纂

清

李茂先字文驥居邑東歲貢生少孤母陳氏植節督教之著聲藝林山陰王白岳雨謙奇其才爲序漁溪集而名益著乾隆李志

商元柏字令素洵美子康熙壬午舉人擅詩名在西園十子之列

官諸城合還泰安州同知以長子盤貴累贈中憲大夫著有剡藤詩鈔元柏亥子書字響意諸生著有畫圖山房詩鈔同治志下同

張基臺號訒菴自幼聰穎授以經書輒了了稍長博涉過目不忘成童舉縣試第一雋於庠亥年歲試即以第一食餼乾隆己酉受知朱文正珪登拔萃科是年舉於鄉竇侍郎光鼐時爲座師見其文歎曰此浙中名宿何久屈也嘉慶辛酉銓補金郡教職爲上官所器重基臺假館南北授徒甚衆每課期必自搆一藝爲程式至老不倦著有訒菴稿訒菴雜著應制詞賦別集等書未梓

吳之塏號月巖歲貢生稟姿卓犖博覽羣書尤熟精文選南華昌黎諸書極受知於竇學使光鼐詩歌學韓杜書法宗歐陽一時碑版每出其手授徒林立多成名者

錢錦山字蓮峯優文行少通經史能書善古文尤工制藝嘉慶癸酉以選拔入成均是秋捷鄉闈文名藉甚歷年掌教邑中登高第者多出其門生平好奬借後進有片長譽之不置口或不韙即面折之不稍假道光間邑令李式圃屬纂縣志工竣遊楚南初王孝廉景章未遇時錦山與同學交最摯時令零陵有政聲頗以振興文教爲己任郵書招主講席既至都人士素耳其名問字者尤衆適教匪趙金隴陷藍山王以能吏參幕府軍事旁午錦山與有勞焉寇平王欲上其功固辭旋里復主講剡山者數年家居爲人排解無虚日每以一言消釁邑人賴之

宋仁華字梅莊居一都愛湖旁幼穎異善屬文性尤嗜學足不下樓者數載嘉慶癸酉舉於鄉己卯成進士需次家居授徒鄉里所造就者多成名士入都後向書麟魁中丞麟桂俱受業焉道

光癸巳選授廣東英德合擻署恩平縣事以寬惠稱二年餘卸篆旋卒於省垣二麟既貴顯修師弟誼尤摯蓋不忘所自也著有碧筠書屋詩文稿若干卷

魏懋昭字德園白泥墈人與敦廉爲昆季行同學同遊庠同領鄉薦敦廉穎悟而懋昭沉靜以此名相埒癸未敦廉捷南宮懋昭下第汪文端招之曰生今科復不中耶亟索場作觀之擊節稱賞已而知以三場小疵見乙乙之者即文端也大呼負負由是懋昭之名噪都下己丑大挑二等以教職用歷署昌化縣訓導義烏縣教諭後任寧波府訓導主講月湖書院門下多知名士旋丁內艱不復出後敦廉數年卒

呂鏞字曉樓早知名學使阮文達元試紹屬古學得鏞卷大奇之拔爲闔屬冠又以第一入嵊庠既而阮膺命撫浙召鏞辭不赴

鏞博通經籍尤精於易工詩古文詞歿後遺稿多佚僅存數種曰香稻山莊賸詩叶南偶鈔摘豔薰香二墳訂譌

郭鳳樞字章華剡西人恩貢生幼聰穎日誦千言年十四卽補博士弟子員詩文以工麗勝屢爲學使所激賞二娶氏柴亦能詩閨門唱和灑如也

王景程字璞齋啓豐子也幼穎悟試輒冠軍道光壬午領鄉薦戊子預修邑志生平善行楷書畫亦擅長尤工於詩近元和風格己丑禮闈報罷南旋歿於吳江舟次年三十二士林惜之著有滋蘭詩草

周松齡字青峯父愛堂邑諸生有優行松齡幼穎異善屬辭道光間由選貢中副車乙未復舉於鄉文譽暴甚時中丞烏爾恭額耳其名喜賀主司曰今浙闈得二名士蓋謂武林吳敬義甌東

王玉與松齡也試禮部罷歸以母年邁不復出里居授徒經指授者多得意去嘗修邑志葺城垣曁籌餉賑饑諸大事咸脱身任之辛酉冬洪楊軍竄入奉母避居母卒松齡以哀憤成疾越數月亦卒

吳鵬飛字孚軒棠溪人拔貢生性端方明大義博學能文兼工詩尤善書法道光初充武英殿校錄補太平教諭士習丕振未幾卒於任

施夑字乃雍居禮義鄉性至孝父母年邁意或不合夑每長跪作孺子泣不得親歡不起由廩貢歷署烏程龍遊昌化雲和景寧於潛學教諭善畫蘭工詩著有南榮詩稿長子彰字葭帆諸生亦善畫著有畫家易知錄越中名勝詩

呂夑煌字酉邨長樂鄉人性穎悟九齡時侍師夜坐師曰汝能即

景成詩平爕煌口占月上山頭靜風來水面涼之句師大奇之比長以詩古文雄於時有至性事親以孝聞於人無少長煦煦親愛未嘗立崖岸義所當爲又強力自任邑中公舉恆待決於爕煌數十年間凡修城籌餉諸役多賴以集事家故貧而周人之急常若不及以道光乙未舉於鄉五上春官不第旋任臨安教諭甚得士心方倡葺文廟未卒事以疾歿於署士林悲之著有師竹山房詩文集四卷鹿門山水志數卷藏於家

邢隹畹字愚菴居太平鄉歲貢生性樸誠力學長於古文爲學使汪瑟菴所器重經史子集靡不研究尤精詩學著有詩訓求故十卷

錢登化字春坡長樂人道光丁酉拔貢入都閱歷山川風土及與諸名宿往來辨論所見益廣自負所學必能表見及南闈屢躓

遂棄舉業肆力於漢宋諸儒之學遇異說必參酌而求其是下至諸子百家星緯輿圖仙釋方技亦必探討源流會修邑志校訛刊謬登化之力居多焉著有春秋彙纂集說二十四卷春秋列國輿圖四卷列國世系圖四卷列國年表四卷兩漢摭華四卷韻籟八卷剡中山水人物考四卷剡俗方言四卷憫斯集二卷春坡草堂文集十二卷春坡日記十六卷藏家卒年七十一新纂下同

錢墉字蘇門長樂人咸豐丙辰歲貢生工詩古文辭鄉里貞節婦女寒微者徵訪彙旌出槖金爲樹石通衢嘗集同志刻周海門證學錄著有穀貽堂詩文各一卷行世子義瑞字質庵諸生能畫梅光緒丁丑冬大雪彌月賣畫煮粥以拯饑餓

錢鎔字可山長樂鎮人郡廩生天才敏捷頃刻可千言其爲詩古

文辭踔厲風發一掃浮靡頗嗜酒酒酣縱論古今人物臧否原委畢貫衆以人物志目之喜經濟之學不屑爲時藝惟文獻之有關於郡邑鄉族者務悉心擣摭爲掌故資著有嵊志臏言二卷所見集十二卷草蟲吟一卷志中多採之其餘著述尚富俱藏於家同治志下同

錢熢字月樵邑廩生古竹溪人淹貫經史古今文援筆立就尤究心於經世之學垂老不倦著有邊防志二省海防志等書未梓子四長登選字曉山積學知名振奇自喜以太學生應鄉試兩備薦被遺會軍興遂練習武術善用刀咸豐辛酉洪楊軍自暨東潰竄入邑境倉卒被虜或以其技聞於酋釋縛令試之握大刀百斤舞生風十餘人環而潠水不得入方相顧瞪眙時突乘間揮斫衝壘出衆皆披靡遂脱歸挈諸弟率鄉團返攻之復轉

戰會稽諸暨間有聲邑故產茶不善製輒鈍賈晚歲創設製茶廠於平水鎮船運通海外邑中茶利之大源登選開之次子智字水心倜儻有大志精天文旁研奇門遁甲之術六應舉不售泊焉以詩酒自娛著有水心詩集末梓幼子登達自有傳見鄉賢

魏蘭汀字夢香湖頭人性聰穎善讀工詩年十五爲諸生屢試高等食餼年二十九卒士林惜之嘗游學於越越中能詩者祀於詩巢蘭汀與焉著有夢香草若干卷行世

任湘字純香石舍人洪楊軍入嵊湘領團勇數千衞桑梓亂定襄辦善後局又同建忠義祠修城隍廟越明年主講剡山同治庚午修邑志任領局卒年八十二著有拜石軒稿新纂下同

裘旻星字洧倩崇仁人諸生能文尤長於詩卒年三十六著有寄廬詩稿四卷

陳錫金字錦甫陳村人廩貢生族有遺腹孤母嫁不能存活錫金育之成立宣統三年舉孝廉方正著有惜陰軒遺稿未梓

孫瑞文字雪舲安富鄉人歲貢生善爲古文辭宗桐城姚氏治經史亦有門徑嘗曰不讀小學則羣經不可得而讀也不讀春秋左氏傳則二十四史不可得而讀也卒年五十有五著有抱膝吟廬詩文集十二卷續集一卷行世

屠鵬字嶠雲號古鳳禹溪人廩生長於鄦氏之學以爲讀書宜先識字不治小學不得爲識字也善書自篆隸至漢魏六朝金石皆能窮其奧云

錢鍾嶽字申甫長樂人爲古文廉悍逼人同時孫瑞文善古文於儕輩少所許可獨推服鍾嶽謂不懈而及於古著有墨妙樓詩文稿若干卷

張壽嶽字東生實溪人廩貢生時清季制科未廢俗儒沉溺章句之學壽嶽即棄帖括好讀西籍務求有用南鄉學風爲之一變善古文辭學廬陵遺貌取神晚年每一文出人爭傳誦焉著有鼇廬詩文集藏於家

李懷庚字星曹居邑城風儀俊雅工詩精篆隸八分癖嗜古金石蓄漢磚數十名人篆刻圖章二百餘方日必陳几上摩挲數四性和易與人無迕雖橫逆勿校某甲素卵異於懷庚已而以怨報反造廬謝之某甲媿服居鄉好施與無德色年二十三遊學杭州以無疾卒於講舍士林惜之著有杭滬雜詠未梓

王紹祥字芝生景章子邑廩生能文工詩嘗與郭醒齋錢湘秋錢質菴周石顛周警堂周漁帆呂越嶠黃儀廷邢羲河邢籀青等結月樓吟社諸人皆一時著名士而推芝生爲祭酒無何里宅

爲洪楊軍所燬書籍珍玩悉付一炬亂後結茅數椽以居顏曰半舫書屋友人過之輒與縱論古今得失人物臧否終日不竭或語以俗事則垂然欲睡嘗集一聯懸於門云一飯未嘗留俗客幾生修得到梅花足以知其志趣矣手訂所爲詩若干卷曰嘉瑞堂詩存以文附焉

王恩溥字公博號海庵景章孫工詩著有海庵吟草少負大志喜習兵家言不屑爲牖下書生洪楊軍既起慨然思有所建樹束裝辭家人親朋咸尼之絕裾去赴贛後不知所終

呂兆璜字小麓居白宅墅舉人傷父祖早世不獲事養乃閉門覃思繪父祖像三旬像成見者驚爲絕肖文擅駢體初宗吳穀人旋棄去以爲不足學肆力於漢魏六朝嘗作三懸潭記見者擬諸徐庾著有擷紅吟榭稿

忠節

梁

張嵊鎮北將軍稷之子初爲剡令至嵊亭生子因名嵊字四山後遂家焉少方雅有志操能清言起家秘書郎遷湘東王長史徵爲太府卿還吳興太守太清二年侯景圍京城遣弟伊率郡兵赴援城陷御史中丞沈浚違難東歸嵊往見之謂曰賊臣憑陵社稷危恥正人臣効命之秋今若收集兵力保據貴鄉雖復及死誠亦無恨浚因勸嵊舉義時邵陵王東奔至錢唐聞之遣前舍人陸邱公板授嵊征東將軍加秩中二千石嵊曰朝廷危迫天子蒙塵今日何情受榮號留板而已賊行臺劉神茂攻破義興遣使說嵊曰若早降附當還以郡相處復加爵賞嵊斬其使仍遣軍主王雄等帥兵于鱧瀆逆擊之破神茂景聞神茂敗乃

遣其中軍侯子鑒帥精兵二萬助神茂擊嵊嵊遣軍主范智朗出郡西拒戰爲神茂所敗乃釋戎服坐廳事賊臨之以刃終不爲屈執以送景景刑之於都市子弟同遇害者十餘人時年六十二賊平世祖追贈侍中中衞將軍開府儀同三司謚忠貞梁書及剡錄　南史作吳人高似孫剡錄入先賢傳萬曆志嵊生於嵊後遂家焉　祀鄉賢

宋

張慤一名景説字欽甫紹定四年爲定城縣尉攝麻城縣事會金人攻破沙窩關深入麻城兵不支被執脅之降慤叱曰吾氣吞若曹顧力屈耳吾從汝爲不義耶遂遇害事聞贈通直郎萬曆府志　祀鄉賢

明

王禹佐字之益三台子也讀書鹿山務爲實踐之學天啓元年領

恩貢銓考第一除保定府通判分駐居庸關司昌平三區屯漕練達政事案無留牘周歷三輔所至有聲宣大饑歲輓援餉十五萬皆刻期至敘功加級兼署懷柔凡城守濠栅火器無不修舉移鎮昌平州崇禎丙子烽火告警督府連檄調回禹佐曰關有重兵而州無守備我爲其易誰爲其難羽書再至不受內變突起嬰城不屈死年四十有七子國宣中軍顧震同殉事聞贈光祿寺丞賜祭葬謚忠襄祀名宦祠配享羅通表忠祠所著有涖關集清乾隆四十一年賜謚節愍崇祀忠義祠子國宣附乾隆李志　越殉義錄　勝朝殉節錄

丁國用居二十三都由軍功歷官山海奮武營參將崇禎己巳赴援京城力戰死乾隆李志

童維坤字宏載居遊謝鄉附武驤衛籍登萬曆己未武進士歷陞

眞定遊擊崇禎癸酉夏剿寇大名連戰皆捷冬赴援趙州追寇至内邱寨地勢嶄險賊得所倚監軍副使盧象昇謂兵家乘勝可一舉成功急合轉戰至摩天嶺象昇迎戰山南維坤迎戰山北分翼冲突寇居高擊下維坤血戰死年四十象昇爲文哭之事聞追贈都督僉事世廕三江所百戶維坤果毅負膽氣不避艱險優待士卒有古名將風清乾隆四十一年賜謚烈愍祀忠義祠乾隆李志勝朝殉節錄

徐麟字我錫居白巖里由武舉考將材授江西建昌營守備崇禎間討叛僧戰歿於南豐撫院題卹不報乾隆李志下同

張仲選號紫巖居秀異坊質魯而好學會病夢一物從胸中躍出狀甚怪驚寤遂聰慧博通經史知縣劉永祚重之延爲小學師暮年爲諸生食餼李自成陷京師仲選聞報慟哭潛至西橋庵

閉門自縊閱日屍色如生

錢茂權居長樂鄉明季以平黄巖寇有功授台州府總兵官後與朱大典同守金華戰甚力城陷遂死於難道光李志

清

錢世瑞字伯芝原名青元道光戊子舉於鄉乙未成進士官河南溫縣知縣溫有鄉豪張濟寬恣睢不軌瑞涖任卽寘之法上下獲安鄰邑有疑獄奉檄會鞫多得其情加知州銜河南鄉試兩充同考官得士甚盛解任後值洪楊軍竄豫瑞與御史陳壇同守歸德城陷遂與媳陳氏孫寶林姪惇性妻弟邢黄中甥周慶望姻戚鄭鑑明及僕婢等俱被害事聞賜祭卹就地建專祠入京師昭忠祠贈河南兵備道世襲雲騎尉瑞秉性端嚴言笑不苟家居素以孝悌稱著有常惺惺齋集十卷已梓同治志

宦蹟

宋

商夢龍咸淳戊辰進士初授梁縣主簿一日有犬號於庭夢龍曰此必有異乃令人隨犬去入徐員子家急以爪爬新種牡丹花下掘之則得一草束童子氣未絕良久獲甦曰我陳家子也夜出員子奪我頭上金珠飾縛而埋諸此鞫之服罪郡上其事陞梁縣尹後仕元爲廬州路治中楊震（夏志作楊震龍）反乃歸（乾隆李志）

明

應尹字天民居崇仁鄉成化甲午舉人任南康府通判與白鹿之教改南康府剿寇有功居官勤慎（道光志引周志列鄉賢今查周志專注選舉類考諸志亦然）

胡采字原素居東隅嘉靖甲午舉人任城步知縣化服苗蠻改會

昌縣翦除姦宄民賴以安後居鄉邦爲鳴東關之累所在稱德道光志引周志列鄉賢今查周志專注選舉類諸志亦然

吴越岳字堯官居德政鄉萬曆己酉舉人授漢陽知縣調應山蠲無田浮稅楊都憲漣率士民升堂祝之再調萬年道光志引乾隆李志列鄉賢今查李志專注選舉類考舊志亦然

胡自平字節之原名守禮天啓甲子舉人瑞州府通判署邑篆除盜賑荒克盡厥職宦歸囊無餘資時稱其廉道光志引張志列鄉賢今查張志專注選舉類考諸志亦然

清

高克藩字大垣號敬齋居東隅衡次子也性孝友讀書外無他嗜康熙戊午舉於鄉壬戌成進士謁選授江西靖安令下車急詢利弊修邑志庚午分校棘闈所拔多知名士嗣丁外艱服闋後

補福建永福縣委攝長樂篆復委署海防同知稅額羨餘絕無侵染所至俱以廉能稱閩撫梅銷特疏薦之旋以內艱歸服闋補湖南湘鄉縣地廣事繁決案不假吏胥手奉檄度田人服其公未幾以中暑卒著有講學錄課士編君子堂詩燕臺新藝大垣眞稿等集行世同治志

葉朝諫朝忠弟字君極號行齋性孝友遵父兄教散財周貧乏庚子由諸生援例入貢知施秉縣丁外艱服闋補樂會縣安緝兵民頌聲載道卒於官百姓德之有扶柩歸者子起葵邑諸生乾隆李志

陳錫軫字豈凡號聖巖弱冠補弟子員累應鄉薦不售援例得湖北石首令築堤禦江水民號陳隄甫匝月丁艱歸服闋分發豫省歷署郟舞陽內黃有惠政旋調安陽去之日內黃民攀呼夾

道安陽城周故有壕自高平邨洹分水入渠南流爲萬金堤北流爲萬金渠壕貫其中歲久荒淤與岸等旱潦輒爲患輅力爲開濬民資灌溉尋攝彰德郡篆擢知陜州時鹽竇奸梟以議減鹽價相簧鼓民爲騷動輅單騎諭以利害殲厥渠魁衆遂解散陜樸遬少學爲增修書院講舍延名儒爲師捐廉以益其廩給文風爲之一振逾歲遷同知開封府事尋攝衛輝汝寗二郡擢河南守時大兵西討羽書旁午輅躬親部勒動合機宜民悉安堵乾隆十五年車駕幸洛陽輅供應有方自清塵除道外不煩苦一民而身習恪勤洪纖畢舉會墜騎傷趾上嘉其勤勞屢賜珍果特命調守歸德歸德俗悍難治閭里豪猾好帶刀劍以勢力凌轢州黨輅悉意剔除習俗大變屬郡九邑皆廣野恃河渠以節旱潦一遇阻塞歲比不登輅慨然歎曰吾曩合石首安陽

盡力溝洫況此民衆地大敢憚勤劬爰周視源流疏決盡利幹河支水派衍條分三月告成十八年河決江南銅山下游並罹其害歸德與江南接畛壤力贊中丞經度其事選料課工往來河濱晝夜不倦工竣舉卓異將晉秩竟以勞瘁得疾卒時年五十有八道光李志

周熙文字卜昌號丹枝居城東隅積學寡言笑以名行自勵雍正八年歲貢邑令重其名聘主書院講席乾隆間司訓象山象無訓署署於姜忠肅祠忠肅山東萊陽人崇禎壬午闔門殉難時長子圻令象奉主建祠歲久祀湮僅存遺像熙文出其主壓土中葺祠置田供祀而別建一署以居甲戌告歸象人懷其德教向有七賢祠皆祀教職之賢者因改八賢祠所著有象吟草同治志下同　按毛西河姜忠肅公祠堂碑記云公諱瀉里謚忠肅公之子一禮科給事中埰一行人垓也公尚有二子幼者從公

死長者被創後亦死據毛記似無長子圻令象
事茲從周氏宗譜採入或別有據存之俟考

高紹圓字允方居東隅克廣子博學工制藝雍正甲寅拔貢乾隆丙辰廷試一等簡發福建鹽大使改授上杭峯市縣丞歷署沙縣羅源連城縣篆並著循聲攝連八月利興弊革值歲饑屢請上憲發賑存活饑黎無算告養回籍連士民鐫石頌德政建祠祀之

鄭文蘭號香巖三界人素博涉工詩古文善書法尤刻求經世之學以期實用乾隆壬午舉於鄉春官十五上不遇晚年鍵戶讀書課子有終焉之志截取文到堅臥不出邑令強起之始入都謁選初授陝西鄜令引見時上以其有幹局能治劇改授福建邵武令下車問民疾苦革陋規却供餽廉豪強健訟者治如法民以安貼決獄務平恕讞成牘上上臺使者輒曰賢明府又欲

化大爲小改重爲輕耶延建邵道錢塘陳某甚器重之行部至邵謂守曰鄭令有學有守眞讀書君子也邵守憫其貧囑幕賓道意曰有我在蚤圖之鹽道檄各屬鹽必道邵武請過秤可沾潤也而文蘭卒不染與費鍔浦相國爲同年友費撫閩時文蘭以勤職爲禮不往見其耿介類如此涖任數年卒於官鬻產不足償官累殁之日身無以殮惟以清白遺子孫而已著有周禮輯要春秋辨義平格堂詩草題畫小稿行世餘稿多藏於家

裘怡蕙字若蘭居崇仁鄉以附貢生援例授府經歷分發閩省署莆田令廉介自持有循聲嗣部選泉州府經歷未仕丁艱回籍不復出

裘怡芬字鄉山居崇仁鄉由選拔貢生朝考二等選授海寧州學訓導嘉慶元年舉孝廉方正不就居官以造就人才爲事因母

老乞養歸道光間與修邑志

裘怡荆字紫材居崇仁鄉援例分發江西攝樂平篆有政聲旋以乞養歸大吏諭留之不得家居爲族黨理不平事是非無所徇人以是敬憚之

裘義成字酉山居崇仁鄉任江蘇靖江縣典史有賢聲公餘之暇寄情翰墨饒有逸致嗣奉檄委署太湖司獄捕獲劇盜境內肅然時稱能吏

王景章字星甫號睢園性穎悟饒膽略嘉慶戊辰舉於鄉道光辛巳由謄錄謁選授湖南辰溪知縣辰溪民猺雜處素多盜景章編保甲嚴邏察籍武庠壯健者厚其廩給習藝應調所向必獲西南地名掃帚坪在萬山中爲羣盜藪時出刧莫敢誰何景章率丁壯往捕獲其渠并黨與數十人火其居四境以安緬甸貢

象貢使沿途驛騷役民夫千人景章偵知其私匿禁物因請於使曰辰溪土瘠民貧時方東作恐使役不給請得檢行李去其不急者使者踉蹌去遂不敢恣總督李鴻賓薦其才調補零陵縣零陵亦多盜景章一以治辰者治之嘗曰爲政必先除害害去則利可興也邑豪唐祖敦比吏役淩鄉里持官府短長大爲邑害景章陽優容之陰得其奸利十數事立置之法舊有濂溪書院歲久圮景章請於郡捐俸修葺聘名儒主講士風大振旋以卓異薦升授武岡知州未任調署桂陽州適江華猺匪趙金隴事起景章馳赴藍山防堵上書提督海陵阿陳夾攻策且約軍期海不從景章退自爲備賊匿精壯使老弱迎降海令前軍並進賊從兩山叢箐中衝出師遂大敗海及副將馬俱死賊焰益張乘勢掠藍山景章堅陳以待賊始去時新田趙文鳳聚黨

萬餘爲金隴聲援金隴往糾其衆破新田戕邑令據其城時總
督盧坤駐永州調景章復新田授以軍令悉聽調度瀕行問曰
復新田當用幾何兵度幾時可復景章言無須兵前在零陵時
練勇五百餘趫捷可用但得犒賞金二千足了事且屈指計云
三月初四日當有捷音否則某畢命矣盧流涕撫之曰好爲之
勝我自行也景章次日至寧遠雇夫役千餘人人持紅旗僞爲
軍士旋抵新田賊素畏景章見其軍勢甚盛不敢迎敵景章率
所部徑赴之賊空城遁遂麾軍入城參將黃璽將從入賊忽回
攻城黃與之戰景章率壯士開城邀擊遂敗賊捷報適如所約
期時賊衆我寡景章嬰城守日夜激厲士卒人無懈志一日趙
文鳳遣諜探虛實景章知之使兵士執劍夾立街衢不繼則以
後隊從間道出爲前隊諜者至不敢左右睨因謂曰汝從逆非

本心若悔悟當請於大帥待以不死諜感泣就撫者五千餘人旣而湖北提督羅思舉大軍至賊竄寧遠羅謂景章曰居守孤城轉危爲安此奇功也羅前進追賊景章繼之賊勢屢挫趙金隴焚死事平題升彬州知州未至任丁外艱服闋後補彬州知州時廣東樂昌縣開礦與彬毘連礦徒滋事景章會南韶道楊九畹按治其首惡地方以靖會崇陽鍾人傑倡亂戕官總督裕公至調景章理軍餉首逆就擒復令讞餘黨多所省釋敍功以知府升用不數月因積勞成疾卒著有居官隨筆

魏敦廉字石莊官地人明敏知大體年十五以賦春雪見賞於山陽汪文端入泮嘉慶己卯舉於鄉癸未成進士謁選得江蘇震澤縣未任治發審局獄多平反會議禁洋烟敦廉請於上海崇明沿海處修整礮臺爲防夷計中丞卽以其議入奏旋改補新

陽縣時值水災中丞裕文忠謙以各屬浮報減災爲歉敦廉爭之力新陽獨不減邑濱太湖故盜藪敦廉請設巡船水柵有扁舟乘夜犯柵曰撫憲來敦廉曰雖撫憲必俟明日裕聞嘉獎之新陽文風亞各邑敦廉重修玉山書院厚給膏火每朔望必親與論文士風日奮會調繁解任後合徵漕幾激變中丞檄敦廉往諭新民見之歡呼聽命未幾漕盡完旋丁外艱歸講學白雲山庚子重修邑城工竣加同知銜以毋老不復出尋卒著有片石山莊草古文學製未梓厄於火故無傳焉

張景星字燦亭居雅張道光辛巳舉於鄉乙未捷南宮第一授庶常改安徽旌德宰置官箴十則於座右以自勵甫一載政聲大起民以張青天稱之丁艱回籍父老沿途跽送建去思碑於堂景星績學工文所梓慎餘軒制藝尤多傳誦者

王際昌原名際清字碩蕣居東隅父待璣孝義世其家念從祖節愍祠與坊未建慨然任勞費道光甲申祠成乙酉建坊通越門而際昌適以是時入學舉於鄉旋由教習授知縣分發江西丁艱回籍修城垣費節而工固議敍加同知銜復之江西分校棘闈所得多知名士初署星子邑多盜捕者輒被賊害際清率兵役銳身往擒其渠置諸法闔境肅然摘發疑獄多奇中吏民不敢欺歷署靖安安仁德興宜黃安義縣事後補崇義並著惠績時值洪楊軍訌江右省會被圍際昌悉力籌禦論功得優敍旋以勞瘁卒於官

裘嗣錦字鴻秋崇仁人道光庚戌進士簽分四川初署南充滇匪李永和藍大順擾川逼順慶藍二順率大股驟臨城下嗣錦與太守楊重雅游擊麥熾昌率兵登陴固守八晝夜敵稍懈乃簡

精鋭五百餘人突出奮擊藍馬蹶遂斬之乘勝解營山儀隴等處圍繼署洪雅有燈花教首尹中玉勾結徒黨千餘人盤踞距縣四十里之八面山勢甚猖獗嗣錦乃選練役二百人乘夜抵山下四燃號火督團役疾馳仰攻賊倉皇奔竄落巉巖觸石死者盈壑擒獲百餘分別首從置之法餘黨悉平及任鹽源值回逆杜文秀擾滇邊防孔亟嗣錦募練丁壯二百人調土司巴別所已天錫駐城中隨事諮詢深悉民夷交涉之端諄切曉諭以泯嫌隙四境遂靖歲庚午丕蘇河外之大山距城二百餘里有黑骨夷二大支爲亂嗣錦尅日調各土司蠻兵齊集於丕蘇河場口令已天錫率所部先往自率壯役百人赴之遣頭目諭二酋令投誠不則大軍進勦二酋懾伏越三日集二十一支酋率酋娃二百並牛羊百餘頭金銀玉石等物詣營門獻納嗣錦撫

尉已僅留牛羊四十頭餘悉還之諸夷皆環拜而去卒年七十著有叶梅山房詩文集行世（新纂下同）

裘亦彥字萬清崇仁人以府經歷分發江蘇會洪楊軍迫皖南廬州廬與蘇唇齒告糧急蘇撫命亦彥賫援還拔署鎮江府參軍時大吏以兵燹後開賑委亦彥辦理每餐施粥必巡視遍給然後自舉箸尤善折獄鎮守某性慈嘗委亦彥讞一日犯當杖血流守心惻守僕牽亦彥袖示意亦彥作色曰誤耶不然吏奉法不敢徇言畢起辭守改容謝之子佩文字晉生諸生嵊故有繭以繅絲利微自通商後佩文與叔焯亭弟岐生里人金祿甫創辦繭竈收繭運上海與外人市自此繭價翔貴人益勸蠶縣中歲入金增百萬有奇嵊繭之名冠兩浙而佩文亦以起家云

樓譽普字啟賚號玉圃邑西樓家人咸豐戊午舉人同治癸亥進

士入翰林散館授編修甲戌遷山西道監察御史尋遷雲南道監察御史歷署戶科兵科給事中光緒四年嘗會同宗室英震抽查漕糧英貪縱舞弊被譽普詗知恐發其私屬所親賄以多金峻拒之卽草疏列款入劾六年奏浙江仙居縣班館羈押多人冊報隱匿胥役需索等弊應予查禁並請嚴禁各州縣私設班館疏入詔浙撫查辦且著爲例七年轉刑科掌印給事中疏陳澄敘官方四條一同知通判不得署理州縣以懲取巧而定名分一慣弊老幕不得盤踞衙門以絕聲氣而袪弊端一各省應行回避人員照例勒令回避不至瞻徇情面一各員服官省分仍照例查禁置產開肆皆被采納云譽普先後居京秩二十年謙退冷淡無晏狎之交徵逐之事布衣蔬食力自節嗇四季朝服猶或不能備終不肯妄有一介取卒之日家無賸金同人

集貲賻之次年四月始克返葬著有奏議二卷詩一卷
張德瑜字璞山大仁寺人道光二十九年拔貢同治乙丑舉人光緒間以大挑一等分發安徽署五河縣有豪強挾胥吏爲姦莫敢控一日道旁飛投一石傳以紙德瑜拾視則具列豪爲惡狀按之皆實捕置諸法月課士評點改削如塾師之於弟子云
周之鏞字西樵開元人家貧徒步走湖南學律於同里范先生佚其名學成歷應州縣聘有能名咸豐之季洪楊軍踞金陵蹂躪東南行省殆徧江西龍泉令田博厚集鄉兵與戰不利間道走湖南與之鏞謀之鏞曰君能募湘勇還收城邑可轉敗爲功也田從之之鏞與偕一舉復龍泉遂隨大軍克復吉安由軍功以知縣分發江西時巡撫新寧劉忠誠公巡閱南贛聞其能諮以弭械鬭之策鏞曰刑罰當則械鬭自息今地方官牽於文法苟圖

息事限迫則取頂凶無辜者誅之用是民不知懼而患日深忠誠韙其言命往治瑞金鬬案未旬日獲主謀者七人斬以徇案遂結會朝廷命疆臣薦舉人才忠誠以之鏞名入告題補萬安縣及莅任聞良湖有逆旅謀財斃命滅其尸者之鏞密捕之一鞫而服有唐金璐者會匪也往來黃唐水潮庵行蹤詭秘偵得其情督兵役往則唐已他出搜得名籍數百人泰半皆脅誘入會者遂焚其册而隱患以弭蓋其爲政知持大體又善鋤奸擿伏云

陳鑑字雲齋陳村人少貧讀律逐條手書黏壁上熟視冥思如是者有年相國李少荃制軍周玉山爭羅致幕下決疑獄如析秋毫名重一時有求薦剡者先舉律義相問難不中程雖故舊必峻拒曰吾不忍徇情以草菅人命也冤獄多所平反判牘不留

稿往往散見於諸鉅公章奏中

陳本鑑弟字立齋亦以刑法起家署宣化府光緒庚子聯軍入京德宗奉皇太后幸山西道宣化倉皇供億事辦而民不擾旋補保定府時京城殘破繕葺整理尅期完竣明年回鑾召見慰勞臻至壬寅六月卒保定任所贈內閣學士事蹟宣付國史館立傳

魏邦翰字秋屏白泥墈人以舉人知古田縣有秤鈎灘溪石戟立舟行危險木商運木經此被水漂散爲居民撈取商控民截刼纏訟幾二十年歷任無敢親至其地者邦翰乘舟親勘察知其情訊白其冤又以其地宜棉購浙中棉種及紡織機教以種植紡織之法民以利賴未幾被議左遷時法人構釁舉國震動乃著書備言兵備攻守之道張文襄督兩廣見其書異之奏調至

粵參帷幄旋率軍赴粵西鎮南關前敵與法兵相持數月和議後以軍功開復原官特授化州高要諸繁劇爲政一以如古田積勞致疾沒於任所年六十有一

裘成全字玉臣崇仁人同治十年入湘軍隸左文襄部下屢以戰績授維州營副將宣統三年卒年六十四成全自結髮從戎大小數百戰皆陷陣冒矢石從征回疆踰戈壁循天山南道出塞五千餘里其仕蜀也所至訓士卒馭番民人皆稱之

沈寶琛字乙齋居城東光緒庚寅進士授合肥縣時巨室李氏聲勢煊赫與他姓爭𡑞涉訟寶琛不直李氏李僕語不遜寶琛庭責之奪其氣有提鎮某已致仕佔一孀婦產訐訟連年莫能決寶琛傳提鎮對簿折大義毀其契觀者大快

嵊縣志卷十五終

嵊縣志卷十六

人物志孝行　義行

孝行

南北朝

公孫僧遠剡錄作僧達　剡人居父喪至哀事母及伯父甚謹年饑僧遠省飧減食以養母及伯父兄弟亡貧無以葬身自販貼與隣里供歛送終之費躬負土手種松柏兄姊未婚嫁乃自賣爲之成禮名聞郡縣齊高帝卽位遣兼散騎常侍虞炎等十二部使表列僧遠等二十三人詔並表門閭蠲租稅南史下同

韓靈敏剡人早孤與兄靈珍並有孝性母亡無以營葬兄弟共種瓜半畝瓜南齊書作菰朝採瓜子暮生已復遂辦葬事靈珍亡無子妻朝氏一作卓氏南史作胡氏〇守節慮家人奪其志未嘗告歸靈敏事之如

母

剡縣小兒建武二年年八歲與母俱得赤斑病母死家人不令兒知兒疑之問云母嘗數問我病昨來覺聲羸今不復問何也因自投牀下扶匐至母尸側頓絕而死鄉鄰告之縣令宗善才求表廬事竟不行

陳

王知元丁父喪哀毀卒陳宣帝改所居清苦里爲孝家里周志道光李志

按萬曆志云剡志作汪姓戴冠志草作公孫未知孰是考南史陳張昭傳云宣帝時有太原王知元者僑居會稽剡縣居家以孝聞及丁憂哀毀而卒帝嘉之詔改所居清苦里爲孝家里當即一人陳書與南史同剡錄亦作王知元

鄭僧保剡人居父母喪廬墓十載芝草生於墓甘露降於松柏剡錄

元

周傑字仲豪居開元鄉父歿哀毀骨立結廬墓側顏曰瞻雲道光李志

下同

周汝霖字濟民親歿廬墓三年建菴墓右顏曰思敬人皆孝稱

明

王瓊字廷玉世居孝嘉平溪里洪武間父以萬石長緣事在逮廷玉詣縣請代獲允遂從戍金陵以勞瘁卒於旅次年二十五嘉靖間崇祀忠孝祠妻石氏守節見列女

應溫遠居崇仁鄉讀書尚義有府倅署邑篆索其父大成苞苴不與受庭辱含憤死溫遠慟哭廢飲食誓曰不共戴天之讎吾必報之治喪後持牒走訴通政司得引白下法司鞫問倅服罪人共快之乾隆李志下同

周傑字廷智居邑東隅父愚受誣論死繫獄時傑甫三歲見母悲泣輒嗚咽不能自已愚繫獄二十年傑年二十三走闕下上書

請代累疏不報景泰庚午覆奏慨切上憫之詔釋愚回家孝養十餘年居父母喪哀毁盡禮邑令許岳英旌其門

趙嵩居邑東隅父瘋母盲嵩兩扶掖之二十年如一日邑令許岳英表其孝

錢紱字仕彰居長樂鄉早孤母鄭口授孝經論語即能成誦長事母至孝母歿見桮棬讀所授書未嘗不嗚咽流涕紱嗜學口不言利爲詩冲澹古雅著有頤菴稿

邢鐳居太平鄉早孤母錢年二十三植節撫之家貧孝養無缺母病躬視藥餌數年無怠色年四十未室邑令許岳英捐俸擇王氏女妻之

周泰字叔亨用彰之孫成化間貢入太學授布政司都事以老母乞終養旦夕承歡非公事不入縣庭篤學修行人稱孝廉先生

郡守戴琥禮重之著有菊莊集

邢浩球居三十八都父歿廬墓三年及母歿浩球年踰六十矣復廬墓終制而歸手植松柏有鳩巢之（乾隆李志）成化戊戌歲大饑嘗以粟五百石備賑叔友善亦以孝行爲邑令夏完所重（道光李志）

錢瀛居剡源鄉性至孝母病兩次刲股和糜以進皆得痊母年九十餘卒邑令許岳英表曰孝感

喻祿孫字希武居邑西隅事嫡母至孝母歿結廬墓次晨夕哭奠冬夜虎兩入廬吼聲震地祿孫號泣呼母虎垂尾遁去西溪張冑爲之傳至清雍正六年祀忠孝祠

喻褩字日章性謹恪跬少皆中繩度爲諸生有聲方居憂太守洪珠固請見以衰服往珠稱知禮伯兄衰課之嚴而褩亦敬事如父性溫厚和平遇人無疏戚皆接以禮嘉靖庚子舉於鄉庚戌

第進士奉使封高唐齊東二王屏絕饋遺便道歸省邑令贈金二百例取諸民娶曰吾幸一第忍以此累父老子弟耶卻不受其狷介類如此旋授工部營繕司主事尋卒不竟所學論者惜之袁傳列鄉賢

周時賢字希左邑庠生山之次子性孝友母遘疾籲天請代母疾竟愈父守保德訃聞殞地幾絕徒跣奔喪哀毀骨立見者憐之收父遺稿及父往來友朋翰墨珍藏之曰手澤所存談及必流涕嘉靖十三年授河南府經歷越九載歸卒於家道光李志

張玉字廷禮邑諸生父耄而瞽且病瘋玉棄舉子業跋涉江湖延醫療治勿愈每夕稽顙北辰以舌舐之閱數年父目復明及居喪廬墓悲號至夜分輒有猿啼外廬若助其哀泣云乾隆李志下同

金廷榮字仁甫居甘棠里事母求備極孝養每旦焚香告天願減

算益母母亡慟哭立死聞者哀之

邢順宗居太平鄉性孝母病刲股代藥以療尋愈鄉人稱之道光李志

錢善性居四十都廬父墓白鹿繞其廬馴擾不去乾隆李志下同

求尚梁居二十九都母病割股以療得愈時孝嘉鄉王舜周金庭

鄉屠時仲並刲股救母

姚祖皋居晉溪父一章病羸家貧無以爲養刲股和糜食之差愈

卒以貧故不給越七日父子相繼死教諭王天和捐俸瘞之爲

表其閭

袁壐居邑西隅爲諸生母病刲股父病又刲股並得愈父爲𨶏寇

所掠壐入寨晝夜哀號求以身代渠魁憫而釋之爲斬𨶏首以

謝兄弟分財無嫡庶推美取薄怡怡如也

邢琥太平鄉人年甫十二母張忽遘疾琥憂甚每夕籲天祈禱請

以身代母愈乃懽早卒聞者哀之道光李志

趙謄字克文號繼耕居邑東隅兄弟五人謄年最幼家政皆身任之親疾衣不解帶形容枯槁見者爲之感動生平以利物爲心嘗建祀置田以篤宗誼享年八十歲劉戢山爲之傳乾隆李志

趙子瀛字惟登號西崑謄之子諸生父病廢寢食五越月時嚴寒終夜以身溫之嘗糞驗甘苦以爲憂喜居喪齋素三年仲兄失明瀛敬事之撫其子如己出李府志

姚希唐字德欽號春野從錢緒山王龍溪遊父病亟醫禱勿效親爲嘗溲殁則致哀而愼於禮服闋以例補禮部儒士旋謁選得崇明縣簿迎養其母嗣復循例入都聞母疾遂乞終養不待報而歸當事重其才屢檄召之卒不起設一榻於母側朝夕伺起居母疾躬調湯藥中庭露禱願減己年益母壽後母得目疾至

失明希唐仰天號泣者月餘淚盡枯而母眼復明奉養二十餘年母以壽終而希唐年已七十矣擗踊哀慕猶孺子容櫬在殯苫塊其旁一夕東鄰火抱櫬而嘑頃之風返火滅卒年七十九張以誠誌其墓獻徵錄

裘仕遂字子良崇仁人性至孝父歿廬墓六年母喪亦如之明萬曆丁丑旌同時有周獻成字信華親歿亦廬墓三年新纂

厲崢居邑西隅父亡足不入內室依母寢處者二十年母病刲股以進母得愈萬曆丁亥歲大祲道殣相望崢煮粥賑之多所全活乾隆李志下同

周元齡字子遠居邑西隅少孤事大父母繼母以孝稱年十三補諸生家貧時以不能表揚繼母之節爲憾中年喪偶遂不復娶從父海門爲之傳

周獻成字信華隹七世孫通經術體魁梧力舉千鈞訪勝至鎮海閱操總兵吳奇其狀貌詢之應對不凡試技勇鮮出其右者吳欲授以職以親老辭親歿廬墓三年道光李志

裘紹烓字可全居崇仁里倜儻有才以親老不遠出奉事惟謹居喪哀毀骨立鄉黨稱孝性好義能周人緩急嘗適市有失金者號泣不欲生紹烓傾囊贈之有以貧鬻妻以逋鬻子者並爲完聚次子組舉崇禎庚子鄉榜官壽州知州乾隆李志下同

盧鳴玉字君式居邑東隅崇禎丙子舉人北上中途念母輒返庚辰登進士歎曰國事至此吾有老親當灌園擷蔬爲甘旨訂毋貽母憂也觀政歸省口占一聯曰試看朱紱方來日正是黃粱未熟時至邗江卒以不及面母爲恨

徐惟英舊志作世英誤三十一都潭石人明季有土寇二十餘人掠其父

去惟英年十四遽起尾之寇方酒酣枕刀卧惟英潛拔其刃盡殲之挾其父出康熙初金華賊發土寇蠭起據天竺寺惟英領近都團勇往擊之其地四面陡絕入隘惟容一騎惟英先衆入縱火焚穴寇驚亂伏勇殲寇殆盡他寇聞之皆錯愕無敢犯事聞擢樂清千總加遊擊銜 同治志

竺夢能父汝舟舉賢良方正觀政刑曹出爲福州知府以抗直忤直指坐斬夢能年十九聞父被逮徑詣闕撾登聞鼓聲父寃赦有司訊鞫鞭笞瀕死無異言有司論奏父得減死謫戍四川尋赦歸 道光李志

金之聲字聖啓歲貢生居甘棠里生而清癯父毋甚憐之而之聲先意承志能得歡心鄉黨稱金孝子一日講孝經喟然曰聖賢大道始於家庭而致知力行與治國平天下之道俱在於是恆

以之自勉並勉其子弟卽耕夫牧豎亦必以服勞奉養孜孜相勗性耿介不妄交喜周人急難睦姻任恤視爲己分而終未嘗有德色邑令劉永祚聞之聲名思招致之六年終不得一面晚結廬墓次食不兼味衣不重襦夜則懸板爲榻一几一席而已自言父母生我無補於世聊淡泊以自引咎有甘露降墓木人謂孝感私謚孝節□□□吟乾隆李志下同

高希貞居南渡楫子也邑諸生父病不離左右者三年居喪盡禮崇禎丙子歲饑煮粥賑卹里有解糧者竊三百金逋邑令追捕舉家號哭不欲生希貞鬻產代償以全活之性恬淡不樂仕進課子讀書以詩酒自娛卒年八十餘

朱家寀字石帆居邑東隅奉繼母至孝撫長兄如父疾篤躬親湯藥歷久不懈家故貧嘗賑粥施藥鄉里重之順治初舉鄉賓

胡繼周字二懷居邑東隅爲諸生事繼母至孝撫孤姪如己子督學按臨會姪病劇促之赴試不聽弟病瘋扶掖七年所需藥餌無不具鬻產葬三世之未葬者繼周故大司馬喻安性甥也安性歷官四十年無所干謁屢舉優行善草書其墨蹟爲時所珍蓋以人重云

周鏜字伯震居開元鄉昆季五鏜最長侍父疾不解帶不飲酒母或色不怡輒跪解之母素鍾愛季弟有拜經樓最高聳四野在望母問鏜析居事答曰凡樓上望見者悉與幼弟母曰果如此願汝子孫千億今後嗣蕃衍半於一族人以爲孝感所致云道光李志下同

周憲字思綱居開元鄉父病割股及廬墓建亭曰白雲以寄思親之意生平慷慨好施人感德之

周戚樂字文茂居開元鄉性好義知無不爲母病篤刲股和藥療之及卒哀毀逾禮邑令以額表其門

周心聰字穎生居開元鄉父病垂危藥餌罔效默禱刲股以進尋愈常周人之急閭里稱爲長者

周九英號星庵居西隅早失怙事母孝母或違豫親嘗湯藥幾廢寢食母歿思之輒泣時有純孝之目同治志

清

盧用義字治生居仁德鄉諸生家貧采樵供菽水父歿廬墓終喪明亡隱居教授卒年七十三新纂

尹巽字庚三如度之孫弱冠有文名順治甲午拔貢入北雍丁酉試北闈會父歿不及視含殮每念及悲甚庚子舉於鄉甲辰登進士分吏部事大母能承順其所欲年八十餘病已革巽呼天

號泣得復甦又數年卒人謂孝感奉寡母尤謹服食非親驗不進家貲盡弟主之未嘗有私性好義周人之急嘗迎養族之孤寡者平居恂恂與物無忤及卒聞者莫不哀之乾隆李志下同

錢守家居富順鄉時山寇肆橫掠其父任本兄守國去守家年甫十二追隨六七里叩頭流血願以身代不聽至寨伏地哀號集魁憫其孝義並得釋歸後四年病死遺腹生一子任本命名難孫痛其代已難也守國承父志善保護之人稱一門孝友

吳節十二者居始寧里事母至孝家貧爲篙師積十五金將娶婦藏牀蓐中母老而瞽一日發蓐失之十二恐傷母心終不一言

竺王姐二十二都竺思聖義子也康熙庚戌三月虎患思聖被噬死從兄思文救之復死王姐號泣直前扼虎頸同溺水塘中乘間脱走負父屍歸力竭死

喻大基字九有恭咸繼子國學生考授州司馬職孝友敦行誼生父恭復臥病四年視湯藥不懈居喪足不入内閾事繼母尤謹康熙癸酉大旱鬻粟給衣爲富家倡又出其餘以完人妻女掩人骸骨葺祠宇修橋梁好義若不及邑令聞其賢皆禮重之而大基終不以私事干也

胡長源居東隅父悦歲貢生母袁病瘋坐臥牀第長源與妻孫氏晨夕扶持歷三十八年無懈容宗黨歎曰諺云久病無孝子惜未見長源夫婦耳

裘燦永富鄉生員父允奇明郡庠生早逝母陳臥病十餘年燦日侍湯藥滌垢穢寒暑無間性好施與勇於爲義族黨咸賴之

趙起龍子瀛孫居東隅父復東諸生目雙瞽母錢又病瘋起龍侍飲食起居者三十餘年子闓如廉如恪承家法四代同居邑令

王朝佐謂不減鄭義門云

高紹寬克藩次子幼瞽母周病喘日夕倚牀審聽氣稍促輒憂形於色一日向婢索利刃刲股父斥止之泣曰兒本廢人使母病得愈死何足惜克藩卒湘鄉縣任紹寬南向號泣以不得奔喪爲恨課子天祚有義方

張厚望居秀異坊性醇謹幼孤鬻薪養母事必稟命飲食非親嘗不進夜寢視枕衾高卑厚薄然後退晨起卽趨省以爲常母病終身茹素求益母算鄉里重之

宋彥博字秉彝邑諸生康熙甲寅羣盜蠭起鄉人皆奔竄彥博守親柩不去或趣之行曰事死事生一也安有親柩在堂而委去之乎癸酉大饑發粟賑給有鄉人負逋見逼將鬻妻彥博爲之代償不問姓氏

裘仲康字長寧崇仁人康熙十三年流寇擾嵊村民多竄時仲康年十五不忍捨其親遂被擄至口外監守甚嚴不獲脱居八年乘間宵遁比歸毋目已瞽抱哭失聲以舌舐睛目復明家産久析兄弟擬分給固辭里黨稱之新纂下同

宓廣生宓家山人當康熙間閩事起胡雙奇唐子千等號召黨徒應之盤踞大嵐山拘廣生父殺之時廣生尚幼迨年十六狙擊子千於道斃之首於縣令王王曰一介童子能捨身報父讎奇男子也郡守黃贈以詩云復讎大義著春秋抉眼吞瞳浩氣遒視彼鞭屍心共切較諸嘗膽志相侔丹誠耿耿昭紅日血淚絲絲洒古邱天赦幼孤旌孝思榮歸故里送扁舟

唐萬明字可遠唐田人幼失怙年甫十三蹷然感曰人皆有父我獨無倩畫工繪父像懸於堂朝夕供甘旨至老無缺奉毋尤孝

侍病親湯藥衣不解帶毋卒葬祭盡禮雍正元年旌

周潮初居開元鄉性孝友事繼毋能得其歡家僅中人產父所遺悉讓諸弟而以妻奩貲自給人多其義云乾隆李志下同

吳炳忠字大文光廷三子性孝友嘗館百里外聞毋病及晨而歸割股療之尋愈雍正二年拔貢考充覺羅教習乾隆丙辰中順天鄉舉以知縣分發廣東未任卒炳忠工於詩嘗與修邑志

汪宗琦字景韓歲貢生七歲喪父事毋至孝篤志力學屢舉優行年五十六病劇惟以毋節未旌爲憾

張統字一揆父灝老病統親奉湯藥十年不倦族內貧乏恆給米粥棺木置義田十畝以贍族其子若孫遵行三世道光李志

鄭凝仁邑人時有虎患凝仁父傷於虎與弟製檻斃虎二祭父墓嗣又獲虎三鄉人請傳其法獲虎二十餘患遂息邑人蔡涵爲

之傳李府志下同

單啓爵居十七都祖老病噎啓爵侍湯藥不解帶疾甚割股以進嘗糞穢甜苦又孫孔亮十三歲時父病劇割股進之父病良已惜早卒

錢均猷郡志及邑舊志俱作獻字公衡邑諸生乾隆二十二年里中饑發粟以賑父病割股進之獲痊年五十四自知死期召親友沐浴更衣而卒

周克友性至孝年十三歲父病割股以進即痊母病仍割股亦痊父母俱享長壽人皆稱孝感所致又捨己資造南橋建義渡尤爲閭里所重

鄭光縉居長橋父惠政諸生於乾隆二十五年赴江西就蓮花廳同知德起任所教讀旋德起以丁憂回旗惠政偕往四十二年

以後不通音問四十六年光緒別毋進京訪德起家知父已死其柩係山西人高錫西安厝而錫西亦回本籍無從詰詢光緒呼籲無路訴九門提督英廉准飭示寄柩處始得認屍負骸歸里英稱其孝給銀五兩以嘉之道光李志下同

邢協紹字子成居太平鄉早孤事母盡孝母歿廬墓三年學使李表其門

鄭尚忠字一菴恩貢生居德政鄉性孝友品行端方臨財不苟善水墨葡萄興至即畫或挾金求輒拒之年七十餘居父喪廬墓三年不以老而減其哀焉

俞純玉前岡人割股療親學政彭給額獎之

吳啓駿字飛黃桂先長子幼多病酷嗜學侍毋疾衣不解帶居喪過哀勸之讀乃稍解父病劇割股不效窘無以治喪謀諸婦丁

氏以奩資所置田售用丁亦無難色教四弟俱成名尤喜獎勵後進其爲文得力於古惜屢困場屋以上舍終

王丐佚其名乾隆間遇歲祲負母乞食得甘脆持以奉母母病死哭之甚哀亦死於母屍側里人憐而葬之立碣題曰孝子王丐之墓在太平鄉𡊨頭北上橫山旁

史載筆邑武生父病劇割股和藥以療尋愈工詩著寐餘詩草

周絜字子偉居開元鄉年甫十四父病劇百藥無效默禱籲割股以療頓愈奉繼母尤盡子職郡守以孝行可宗獎之

周崇藩字介侯開元人父錫臣有德行適遘疾垂危自謂死生有命藩旁皇莫措默禱於神割股作羹療之後其妻因夫疾亦割股作糜

周子倫字建彝邑諸生好學事寡母不忍離左右遂絕意進取奉

養終身邑令以節孝流芳表之子倫喜吟詠有鳴巷集行世
錢順敬居長樂鄉母病割股以療子事偉甫成童隨父樵採父被虎噬拚命搏虎遂得脱人謂順敬割股救母之報云同治志
陳凝遇居積善鄉父病劇延醫調治時七月秋汛暴漲遇因父病垂危冒險過溪失足而殞見者莫不哀之邑令以宗族稱孝表其門道光李志下同
史在文父宗輝紹協右營守備卒於任所在文晝夜悲泣吐血斗餘卒
袁德裕幼失恃事父極孝次子廷奎亦有至性父患咯血在牀蓐十餘年嘗糞以驗吉凶刲股以療疾不令家人知嘉慶間學使周紹基以孝友延年額表之
張基雲字龍噓歲貢生月鹿次子也幼聰穎善屬文工書與兄基

臺著名於時執親喪哀毀骨立廬墓三年教諭李增贈詩云守墓空山曲麻衣血淚新賤貧親不棄生死鬼爲隣澗水流終夜巖花閉早春禮經時一讀哀感路旁人

錢翰字宗周居長樂鄉昆季四翰居長秉性篤厚母病侍湯藥歷久不怠勢垂危割股療之時年甫十七人謂其至性天成云

錢南字弓先邑監生奉母克謹母病親嘗湯藥病劇焚香告天割股以求身代尋愈克享高年乾隆壬申歲饑捐米百石餘以濟閭里府志下同

錢楚珩字傳璧邑監生事親無違父病親嘗湯藥不離左右者二年鄉里稱其孝昆季之間怡怡如也又急公好義遇荒歲輒捐米以濟貧困并捐鄉會試田若干畝其他善舉尚多云

過芝時居厚仁莊事親孝道光二年隨父永潤往省祖墓至新石

溪水暴漲父失足墮芝時奮不顧身投水抱父將近岸被激浪衝散迴身再抱如是者三遂俱淹死邑令李景韓以事類曹江額奬之道光李志下同

裘邦才事繼母孝母卒廬墓三年邑令李光時給額奬之

徐正緒亦事繼母至孝母卒廬墓三年邑令陸玉書給額奬之

葉大邦父病割股及歿廬墓終身邑令李式圃給額奬之

王克鋭居上王莊母病割股年饑出粟以賑

錢鳳苞原名飛字芳梧居長樂鄉邑諸生有聲士林母病割股療治性尤慷慨佽助交遊周恤貧乏尚義樂施爲時所重

裘存芝崇仁人幼失怙母姚病醫藥罔效存芝割臂肉和藥以進其妻姚禱於中霤袒臂將刲芝見之曰無須爾吾先以此進矣婦乃止母病果愈新纂下同

黄維新穀來人年甫十齡父歿母馬病危維新侍湯藥衣不解帶者累月一夕母謂之曰若得早筍病可瘳時積雪滿林維新荷鋤徧覓見者笑其癡數日忽二筍跨籬落間長尺餘歸以食母病果愈逾十六年母始逝維新廬墓三載昆季五人以友愛稱

竹興蛟居笠節鄉事親孝乾隆戊戌父病興蛟往禱於四明山某祠願以身代比歸刲股投藥病得痊逾年復病晝夜奉侍衣不解帶者數月父歿廬墓不忍去同治志下同

裘兆彪字世福居崇仁入右庠例贈修職郎事親以孝聞母病篤刲股以進後雖盛暑不去裏衣恐露瘢也父歿廬墓不忍舍事繼母亦孝謹母病親侍湯藥衣不解帶者累月生平勇於爲善排患難振匱乏及修築廟亭橋梁不勝數咸豐四年督撫奏請以孝子旌奉旨建坊入祠長子坤元邑廩生中道光辛卯副榜

因親老不求仕進家居授徒問字者成市辛丑英吉利人擾寧波辛酉洪楊軍入境坤元俱預修城堞籌團餉及善後事宜一方賴之幼子震元太學生天性孝友饒有父風時兆彪既耄坤元復專力於學事無巨細悉震元肩之兼能曲承親志以成善舉惠沾鄉里卒後數十載行誼猶膾炙人口云

章華字道傳增廣生居一都性至孝早失怙恃恨不逮事奉歲時祭奠輒哀泣不自勝每外出過祖若父塋雖雨雪必下輿泣拜居恆教弟子有法受其教者多成端謹士

李德忠陶家莊人幼失怙事母以孝聞性嗜酒醉輒嫚駡人聞母至屏息不敢動家貧奉甘旨無闕會嵊饑德忠在會城爲人司會計偶出觀劇適演琵琶記至翁媼食糠覈嗚咽不能仰視其儕拉至酒肆德忠泣不能飲衆詰之曰吾鄉饑老母不足饘糲

食吾忍飲酒耶即日渡江歸而母適病德忠侍疾調護倍至十餘年如一日母卒營窀穸去莊五里中隔溪既葬德忠往視墓天大風雨溪流驟漲半涉幾滅頂卒達墓所遂廬墓不歸里人憫其瘁間致酒食則受殽反酒曰母在恆咎余飲酒今背之余懼傷母心也三年然後歸又五年卒

商世林居繼錦鄉居恆以力作供甘旨親病割股療之親歿廬墓三載性尤樂善凡諸義舉必援力以佽多爲人所稱云

邢績元太平鄉人事後母以孝聞母善病多方調護務使獲安而後已越數年母病垂危弱弟四五人環牀泣績元計窮赴禱於城隍神一日夜往返百數十里得籤歸占者謂割股可瘳急取刀調一臠以進不數日宿痾盡失老且益康云

過永球金潭莊人事母甚孝道光甲辰秋上流發洪溪水驟漲十

餘丈永球母錢氏老病不能避永球又病足力不能負母人促之去永球守其母不肯行水至俱被淹永球緊抱母逐流數里遇拯母子俱生時邨中爲水淹死者七十餘人惟永球母子遇救得免

吳之淵號靜山棠溪人父病割股以進善事後母里黨無閒言嗣爲伯鳳池後事繼母亦如之

單仁量號愼齋居忠節鄉有孝行父病默禱刲股和藥以進仁量歿子義俊廬墓不二年亦卒

單殿颺居剡東裏石門父病刲股和藥以進

裘兆清居崇仁鄉母病嘗刲股以和藥

駱鴻志居崇安鄉刲股和藥以療母病

錢旺漢長樂鎭人生有至性三歲喪母卽悲號不食及長事父甚

謹不以貧故缺甘旨父病多方救護不得已刲臂和藥以進病果瘥及漢卒其妻始以刲臂事告其子啓臂刀瘢在焉

錢旺鑑長樂鎮人世業農咸豐甲寅一夕家中火鑑方出聞火起急趨歸覓母不得即奔至室中時室已危甚衆持之不顧闖入火中負母出母已垂斃於火鑑焦頭爛額幾不可識衆舁至空闊處時尙能言曰我何足惜惜吾母之不獲救耳逾時遂殞

盧起菩居蓮塘幼喪父家貧力傭供母母病劇割股和藥以進病尋愈

呂福祿邑西黃勝堂人也幼有至性方五歲時見二十四孝圖即若有感未昏持扇入寢室驅蚊既昏必先寢問其故曰吾欲飽蚊腹勿以饑而噬吾母也冬祁寒必以身溫被方呼母寢越六歲聞俗有報娘恩之説即不茹葷人咸異焉甫八齡卒東陽盧

梁爲之傳

童碩俊下王人嘗走齊魯燕趙遊公卿間聞母疾亟旋里母歿侍父不稍離父歿碩俊年逾五十哀慕如孺子及葬廬墓三年同族炳章諸生嘗捐田百畝爲會試路費鄉黨稱碩俊孝炳章義云

俞寧洋富順莊人洪楊軍破嵊其父年邁艱於行寧洋負至村外遇之乞以身代父遂爲所擄

裘嘉朮字養吾崇仁人其母有窖鏹擬以畀嘉朮季弟母病嘉朮方獨侍母誤以爲少子也告之窖所旋逝嘉朮以語伯仲請順母志伯仲亦無異詞生平喜讀王陽明文集嘗大書其論族四條懸以自勵

黃珏亭附貢生永修見義行傳子咸豐辛酉洪楊潰軍入境珏亭日負

父匿叢莽間得免難平父又患風疾腓腑赤腫創口在膝蓋間醫者無術導毒出珏亨徐徐按摩故引古今可驚可喜事蹟相問答伺父耳注神移忘其痛輒重按使膿血逆從膝蓋間出如是者一年有奇疾始愈無何父逝柩在堂珏亨居苫次二年既葬廬墓一年然後返

任杏生富潤人父病醫者束手杏生刲左臂和藥以進病霍然愈

余憲銓崇仁人幼喪父家貧而瞽賣卜於市供母甘旨尋母亦瞽又病瘓一日鄰居火延憲銓家憲銓大哭入救母衆阻之有強持其臂者憲銓力脫之冒火入火滅得其母子骸足四膝以下尚可認餘成灰燼矣

馬兆亨字彙生馬村人生有至性父病累月湯藥便旋必躬親之父卒哀毀骨立届忌辰輒嗚咽竟日事二兄如嚴君嘗購一狐

衰而兄卒以未得與兄同御遂終身不加體子弟化之皆恂恂
孝友貌清癯口吃語不宣意或以筆代之然里有爭得兆亨一
言輒解蓋不以辯勝而以誠感焉年二十五入邑庠以勖學致
瘵疾三十二嘔血卒

史鳳標蔡山灣人武生事母至孝母卒擗踊號哭欲以身殉人勸
慰之始強起理事既葬廬墓三年

唐友虞字如璋唐田人父德俊病垂危醫藥罔效友虞焚香告天
割股以療之善屬文尤工詩詞著有青可山窗詩草

王和炆字耦耕蘆田人父病危割股進之病遂痊

孫風清字仁政孫墺人幼有至性出入必告父病侍湯藥衣不解
帶且割股以進病乃瘳

王朝楨字贊廷居城西家貧學業於外其母向有腹疾一日朝楨

方酣睡若有人蹴之醒者疑母病重亟返病果劇刲股和藥愈

沈茂法茶園頭人侍母疾數年無倦容母卒廬墓七年哀毁孺慕見者感涕光緒二十三年旌

章蔚文三界人母病劇割股療之子倬庫生母疾亦如之

章天員三界人刲股以療母病章天培刲股以療父

吳嘉猷三界人祖父病刲股以療之吳調甫字爕陽亦刲股療母

義行

宋

吳孜仕監簿居三界里嘗從胡安定學名聞越中嘉祐間會稽謀建學孜即捨宅爲基今學中祀孜祠存焉初學成太守張伯玉至以便服坐堂上孜鳴鼓行學規伯玉欣然受其罰王十朋題其祠云右軍宅化空王寺秘監家爲羽士宮惟有先生舊池館春風長在杏壇中（乾隆李志云郡志作會稽人會稽鄉賢祠祀之今仍舊邑志載入至題其祠作贈以詩則時代不同捨宅作捐地則詩旨不合今從郡志改正　按明成化間始割會稽二鄉隸嵊其爲會稽所祀也亦宜）

張東字大道清化鄉人俁之父也有膽畧好奇計宣和二年青溪民方臘作亂連陷睦歙杭婺等州縣不軌多遙應之嵊令莆田宋廷實死於盜盜遂橫三年二月東與長子志夫間行赴越獻策會睦寇謀渡江犯越官吏多遁去知州事徽猷閣待制崇安

劉軨飭戰守備得柬甚喜委任之破睦寇後會州兵至縣平桃源求道人賊洞又自部鄉兵攻俞四賊砦破之復合州兵勦錢朱明等於鹿苑嵊盜盡平上功贈奉議郎柬不受賞初柬在越賊黨王審四刦其室妻死之少子志德亦遇害惟毋得免柬繼室求生倬及俁道光李志下同

王愷字舜臣衢州刺史瑀之子也稟性端雅少承家學及長往從朱子遊學益進嘗建書塾以課族子弟并四方有志於學而貧者置田三百畝以贍之

姚景崇字唐英晉溪人開慶中建義塾一區延師設教英俊多遊其門張志

竺昇原名訓幼穎悟師事呂忠穆呂授以易理淵源既而宋鼎革遂絕意仕進顏其居曰東山樵屋同里張熻三歲失怙昇鞠之

如子及長割產授之熇之學亦多本於昇云昇少時嘗隨父獵父見二雉引諸雛伏山陬將射之昇諫曰殺其母如羣雛何其仁慈蓋天性也道光李志下同

竺天祐昇之子大德十一年歲饑天祐發粟賑給近鄉皆賴以生邑令上其事詔賜冠帶

元

相大有永富鄉人敦尚孝友同居七世内外數百口從無間言有司以聞詔紹興路總管泰不華旌曰義門乾隆李志下同

應原達慷慨倜儻有方略元季盜起郡邑不設防禦邨落屠掠烟火闃然原達散粟募壯士出奇襲擊寇爲之卻事聞授義兵萬戶洪武初追敍保障功將加職引年歸

張賓暘字芝軒元至正間奉母避亂以孝聞洪武時元舊臣顧碩

以累匿賓暘家凡十年家人有不知者戊寅大赦顧始歸有北賈寄貲於賓暘北賈病賓暘以金還之而賈已死無妻子乃爲營葬納餘金於壙中道光李志下同

竺盛元末台寇擾嵊盛集義勇捍衛分省李平章鎮紹興以便宜辟爲盟威將軍鎮守台寧適歲饑盛爲請免租賦洪武初改授福州府同知

明

竺瓚孝嘉鄉人性孝友其家祖父同居已四世一門二百指戶大役煩瓚綜其事從兄璟以罪被繫瓚念從父僅一子已有兄弟三又有子當以身代走白於官言犯律者我非兄也官乃繫瓚而釋璟瓚竟死於獄史官宋元禧爲之傳萬曆志

張秉玉居富順鄉性孝友明初著令吏侵公者戍秉玉弟拳以他

人事連坐逮至京秉玉隨之行叩閽白弟冤而拳不勝鍛鍊自引伏坐秉玉誣告罪并繫獄遘疾上疏自咎竟死獄中乾隆李志下同

鄭敏行倜儻好義西隅張錢氏夫亡守志子仁貧不能娶敏行重其節妻以長女妙安給之房産越數年兵亂妙安被掠不辱死仁念婦貞不忍再娶敏行曰不娶義也但無子如母氏苦節何復以幼女妙寧妻之給壓田百畝妙寧歸仁生子玻中永樂戊子鄉榜官長沙府教授

鄭思信居東隅樂善好施永樂己丑大祲捐穀二千石以賑邑人賴之

尹孟倫居東隅與弟孟遠皆慷慨好施永樂壬寅癸卯歲連歉出粟賑濟不下千石

竹坪字蘊芳居東郭成化丙午大旱出粟賑饑存活無算知縣夏

完上其事贈澤流剡曲額新纂

鄭思敬號留耕居德政鄉尙義好施宣德八年夏澇傷稼民多逋賦思敬出米數百斛代輸之正統五年朝廷籌備荒策思敬又出穀數百石以實義倉值東作時躬親勸課或借給籽種修築陂塘以資灌溉鄉人德之子欽字樸菴性至孝父病疽親爲之吮既葬必晨赴拜墓往還二十里許不因風雨阻母陳性嚴毅事之惟謹歲饑欽與兄鐔弟鍔各出穀萬餘斛減價糶全活無算里人名其居曰遺德堂道光李志下同

魏季先字懋質居筮節鄉性好施與先世徙自上虞故遇虞嵊兩邑災荒一體賙恤正統庚申上虞災輸粟四百斛賑之所居有慕親集義耕隱等室族人蕭山尙書驥贊曰孝聞於家善聞於世餓殍貧乏均沾其惠其氣浩然無忝集義積德彌長慶垂後

裔

馬德忠居孝節鄉正統壬戌歲大祲出粟一千二百石備賑有司以聞詔旌義民乾隆李志下同

吳偉字伯奇居棠溪正統時出粟餉邊詔封義宰

邢浩琮居太平鄉正統時與弟浩琉浩環出粟餉邊詔賜八品冠帶道光李志下同

應溫遠居二十四都正統間郡守白玉至嵊視學令闢櫺星門外地地故溫遠產邑令孟文欲購諸溫遠溫遠辭其值捐地袤二十有七丈廣十八丈此與下樓氏裘氏捨地入學宮各有碑記見藝文志

樓秉直居三十四都成化初與弟克剛捐地若干丈入學宮

裘守良守儉居二十三都成化初並捐地若干丈入學宮

裘彥功居二十九都成化初捐地若干丈入學宮

張佩居清化鄉性慷慨好義弘治初捐地廣學宮大成殿至今春秋祭頒胙焉

錢照字光顯邑諸生居瓊田里好施與弘治六年歲大饑詔募賑濟照傾囷爲一邑倡邑令以其事上聞冠帶榮之

周用彰字邦達居西隅元提舉承祖之孫家富而好善率長子澤榮輩捨藥賑粥夏則施茶冬則濟涉爲萬石長無絲毫苟取兄卒於戍以資產與姪鄉里義之年七十餘卒子孫若山等多登科第　乾隆李志

邢浩璇弘治癸未歲大祲道殣相望出粟五百石賑饑全活甚衆　道光李志

張堅居東隅好義疏財有求必應不責其償橋梁道路多堅剏修而未嘗居名子政景泰四年舉人官中書舍人贈堅如其官　乾隆

（李志）

周克恭用彭之孫

支永昇四十八都人

裘廉裘江十六二十九都人天順丁丑歲饑捐賑各出粟數百石鄉里德之（張志）

王文高字斯浩華堂里事母石氏孝臬司辟爲從事以母老辭後郡守以人才舉亦固辭嘗建家塾捐田百畝以課子姓至卹貧除道修橋惠在鄉里裔孫皆能繼其志（按文高孝子瓊之子乾隆李志下同）

周昜克恭子邑諸生性嗜義父所遺產悉讓兄弟撫從孫教之成立嘗爲人白寃得釋其人持金謝昜卻之曰毋以是污我其耿介如此

王春字陽仲文高孫家素封景泰天順間連年歲祲施粥濟困成化四年又大旱出米三百石助賑郡邑上其事詔給七品冠帶凡諸修建善舉尤多（道光李志）

夏叔恢天順中飲越中酒肆客有被酒遺其囊者恢獲囊視之約五十金疾追弗及明日仍俟於其處失金者號泣來即畀之後夢老人抱孩以與遂生子雷領鄉薦官羅田縣知縣萬曆府志

周銳字伯穎居開元鄉性好善構亭施茶捐資置祀產宗人義之成化間歲歉出粟以賑有詔出粟四百石者給七品服銳辭不受乾隆李志下同

王璁字熙仲暄之從弟弘治五年水嚙南城公舉璁督修之城以繕完癸亥己卯歲大祲璁發粟賑給并勸各鄉有餘者共賑之全活無算

胡淮字宗豫居邑東隅正德初爲諸生與其友鄭軫同試貢淮得中式以軫衰貧義不忍先竟讓之後二年復舉貢任光州訓導遷武昌教諭乞休歸結廬金波山所著有歸田錄坦菴錄萬曆府志

邢舜祥字時鳳居太平鄉嘉靖丙午舉人性耿介植立名節上春官覩楊忠愍下獄慷慨形詞色擬登第當爲論救遘疾卒瀕死猶言之其義氣類如此按道光志據周志列鄉賢而周志只載選舉類諸志亦然蓋亦能尚節義者今以類從列此

尹良臣居邑東隅富而好義施棺以千計嘉靖閒邑令吳三畏築城捍寇遴良臣掌其籍綜核出納毫無偏徇不足則捐貲佐之子如度任邳州倅好義一如父初良臣以吳令築城功建祠望越門內置田三十三畝零春秋祀之後爲守祠者私售去如度出而理復又益田五畝人稱能繼志云乾隆李志下同

鄭廷貴居東隅嘉靖閒捐銀數百助作城垣又輸粟備賑知縣吳三畏嘉其義爲免一門夫役

周河用彰裔孫多隱德有少婦失衣飾懼姑責偕夫將自盡河曲

全之婦感甚潛至河居謝河正色遣去嘗拾遺金還其人後以孫汝登貴贈光祿寺卿

王謙文高之後性好施置義田延師課族子弟又建莽於陳公嶺北之上塢以憩息行旅捐田三十畝施茶召僧掌其事而事母尤以孝聞

王誕字洪夫文高之後性孝友色養無怠遠祖塚湮沒者六代尋訪其所葺亭置祭爲貞祖母石大姑建專祠好文墨有十樂歌傳於後卒年七十張志

吳世輝字蘊之居崇信鄉居平誠謹與人處皆以古道相期時稱爲長者隆慶間貢生授寶應訓導遷沛縣教諭課士有方爲上游所重以引年歸乾隆李志下同

王尙恩字惟庸諸生居華堂里力學砥行妻死不再娶遺一女適

俞婿死女守志不他適依居父家益貧苦嘗作久雪詩曰鄰家幾問爐烟寂過客誰憐足跡稀徧地瓊瑤難療腹此心良不愧夷齊從弟尚忠亦妻死不娶族子應昌置田並祀之

姜世用居江田里萬曆戊子己丑歲連祲先後發粟賑濟有貸而不能償者即焚其券又嘗捐貲葺南橋人咸義之

周亮起字汝瑞居四十二都生時母夢彩鳳自雲中下遂名雲鳳少遊成均論交多海内名士以思親歸事父及繼母最孝卹貧賑災不遺餘力年七十三卒彌留時有氣如雲繞室不散者久之

袁日曜字子光性孝友冢兄謁選北上次兄爲諸生事舉子業父病羸事無巨細日曜身任之未嘗言勞冢兄歿檢遺笥得白鏹數百一戚在旁曰幸無他人願與均分之日曜艴然曰吾敢欺

天欺兄以自欺乎立呼兄妾轉授兄冢媳未幾以胠篋告日曜別營金治喪終不一言從子某饒家財無子及卒族人析所有日曜獨弗往有司以齒德聞詔賜冠帶歲給粟帛卒年八十七能預道死期云

周昊字源廣佳之弟年甫十四家被盜懼室人不免給賊曰汝所欲者金銀耳隨我至藏所可也同至普惠寺前山坑間無所得遂遇害族人哀之道光李志下同

周敬範字大章居開元鄉性耿介嘗詣紹隆菴拾遺金數十守以待其人泣至曰賣以償官誤遺於禱佛時也遽還之又有曹姓者遺金肆前忘其處呼而返之

尹如環字無端居邑東隅讀書有志操嘗於明心嶺築石成坦道行者便之居平種花蓄魚逍遙自足年九十一按乾隆志舉喪偶不再娶一事

列義行未允今據
地理志所見改正
喻安情字和卿思化次子貢生師事周海門崇尚儉約處貴介淡然布素也兄安性任薊遼總制安情偕之行邊將持金爲壽屏不受居恆絕足公庭所著有自修篇乾隆李志下同
尹立相艮臣孫也世有懿行立相能繩武好善不倦完人妻子周人貧乏所交遊皆名士子長志炦見鄉賢次志燧字仲明鄉貢士貧而勵行課子弟書不計束修有覊旅不能還者竭巳囊以資之辛巳歲饑貸富家金賑署子名於券以示無負其好義如此
尹志和邑諸生如志孫也如志好施與志和承祖志能分惠鄉里崇禎丙子歲大祲出金三百賑之辛巳又祲復出粟以賑邑令劉永祚鄧藩錫兩申上官表其門舉鄉賓年八十餘卒
童有成字化徵慷慨有大度歲歉出粟以賑會山寇竊發郡邑堅

壁自固漸至延蔓有成集鄉人扼險守禦東鄙藉以無恐而鄰邑借是陷人提繫省獄事白而產罄矣有成終無慍色

葉乾元上崗樵夫年四十不娶不葷酒得錢輒以予人崇禎丙子越郡大饑郡守爲粥食饑者乾元日給柴數束供炊辛巳嵊復饑役於縣如初令曰善人也名曰長善獎以金不受乃表其廬曰方古義俠

吳曰正居棠溪邨崇禎辛巳歲大祲曰正首倡賑濟質產以活其鄉人於是各鄉效之多所全活

袁祖禮字恆初居邑西隅孝友義俠爲時推重析產盡以腴田讓兄而自取瘠薄者施金建南橋鄧令建明倫堂水火神祠先後捐輸不下數百金復葺學宮兩廡構義渡菴崇禎丙子辛巳歲洊饑繼以疫祖禮發粟製櫬賑恤殯埋之南橋圯歲設杠以濟

終其身

袁有瑞字文呈祖禮從子也邑諸生家世好義有瑞稟庭訓能任恤其鄉里有負逋訟者必爲解紛至鬻田代償弗惜坐是家屢空卜居逵溪躬耕自給恬如也與人言皆孝友所著有課兒百咏

邢明浚居太平里幼孤偕母力作以養三弟一妹及長爲之婚配家稍裕輒以餘周貧乏暮年析產悉出所有分給三弟弟曰此長兄辛勤所致請以半歸兄我三人分其半足矣固辭不已母命均析乃從之弟明僑明侶明佐也

裘惟中字海五崇仁人明末時弟惟正以罪充役南京惟中因弟爲母所鍾愛乃挺身代之後遇赦而回新纂

清

鄭燮字居德政鄉幼習經史比長有勇藝以里中屢遭寇掠遂棄舉子業爲禦難計順治五年山寇王桓勳竊發餘黨由虞犯境鄭氏宗祠被焚燮字率團練鄉勇追賊至葡萄嶺遇害衆皆傷之爲歸葬先塋道光二年上其事學使杜崿以義烈堪師額獎之道光李志

尹曆晉字君賢如度子補諸生慷慨好施與弟曆肇無子日夕焚香告天願減己子與弟弟遺一女已字人貧不能娶曆晉治奩嫁之並與以田子巽登進士乾隆李志下同

葉朝忠字鳴珩居五都家素封父某歲發粟製衣以給貧乏者十餘年朝忠遵行不倦戊午援例入貢授遂昌教諭

尹萃禎字上升居東隅逢吉子也母劉孕時持齋虔禱冀得賢嗣故萃禎墜地聞葷腥輒嘔弱冠成諸生貢入太學兩試北闈不

售遂歸養親生平跬步皆有繩度扶危周急未嘗有德色北鄉楊維谷爲賊誣陷不能自白將鬻妻繳贓萃禎聞立賫銀完聚之其好義類如此

史孝本字仁之居昇平鄉敦孝友侍父疾至久不怠减女乳以乳幼弟及長爲之婚配分給己產伯某嘗失藏金意孝本得之遂來索償孝本即如數以予及伯得原金持還不受知縣張逢歡舉爲鄉飲賓

宋大猷字君亮居西隅邑諸生崇尚孝義季弟君維早世弟婦沈年少遺孤在襁褓大猷周卹撫護之以全其節康熙癸酉歲饑糶粟以賑其他修宗祠輯家譜造橋梁完人夫婦尤多義舉云

周履順字自吉居東隅邑諸生與前母兄履泰友愛父歿母秉家政盡畀以祖遺玩好母歿悉出與兄均分或導之營私履順曰

兄弟一本即己物亦當共之况祖遺乎人以爲難

尹遠望字渭佐萃禎子博學工書法幼失怙恃育於祖母劉遠望事之甚孝家素封與弟遠服至老不析居亦無間言性好施康熙癸酉歲大饑蠲租賑卹爲一邑倡辛丑又饑有棄女郊外者遠望抱歸乳哺甚殷及病篤囑弟遠服善視之服承兄志爲擇婿厚奩以嫁蓋兄弟敦尚古處得家法云

劉大成字維宗監生康熙甲戌歲歉鬻田二十畝以賑邑人義之

馬驊字南章居節孝鄉武生性孝友嘗捐田五十畝供宗祠祀事宗黨戚里有貧不能婚娶者多周卹之康熙壬寅歲祲鬻田百畝易粟千石以賑知縣宋斆申請疏題賜八品冠帶雍正甲辰歲旱復倡捐煮粥以賑多所全活知縣王以曜申請疏題准入孝義祠

丁珣字允鍾居東隅諸生性好施康熙己丑歲大旱議賑首倡捐庚子又饑倡捐如初餘義舉皆力爲之毋病婦尹氏刲股以療婦旋卒子僅三歲感其義終身不復娶山陰沈冰壺爲作傳

周忠璧字連城居開元鄉輕財好施康熙間兩次遇饑出粟數百石以賑全活甚衆邑令宋敩重其人兩請賓筵不就道光李志下同

唐朝法字禹仲居筮節鄉上唐莊康熙庚子辛丑連歲大歉盡出其積粟設廠煮粥至鬻產以濟之命長子諸生汾督其事全活甚衆其季子士信亦勇於爲義七十誕辰手焚所質田屋各契數百金遠近稱之

王永華蘆田人科道次子與兄永祚弟永祥同居康熙甲寅寇四起募民兵三丁役一永祥宜往華奮然曰弟雖壯無子不可往吾有後矣死可也遂行寇平歸

裘光選字步青居崇仁鄉康熙庚子壬寅歲饑出穀百石以賑乾隆李志下同

趙宏緒字遠宗居邑東隅僑寓山陰有蕭山某被殺其弟爲之報讎刺人死者弟與子爭赴官供狀囚府獄中宏緒聞其義爲質衣供食用及案定發配又資其行實未嘗相識也宏緒工詩畫以諸生援例入貢雍正七年銓授湖廣茶陵州吏目有政聲以丁祖母憂歸服闋補陝西邠州吏目卒於官

周祖發字聖裔增廣生居東隅性孝友恆以義方訓子若孫年八十二邑令宋數舉賓筵

魏邦德樂善不倦以忠厚世其家郡守旌之李府志下同

應佩絅字景韶建名宦祠捐鄉會試田造永濟橋築萬金堤修剡水鄉塾助成桂巖義田郡守給額以旌

裘炳字敬齋諸生崇仁人初炳與兄仁園分居兄逝孤幼乃合居炳與妻韓故和好至是遇之嚴不入内未幾兄子成立炳老議分居嫂曰叔四子吾二子田産宜六分炳曰今日之分吾與兄分非吾子與兄子分也執不可兄嫂爭持莫決於是親族爲平分之如炳指既分居炳與妻和好如初新纂

馬宗信字益齋乾隆十六年合邑大歉發粟設廠賑以米粥全活無算議敘貢生道光李志下同

周貴玫字起元居開元鄉慷慨仗義乾隆間捐造鄉賢祠及城隍廟頭門十六七兩年歲饑傾囷賑濟存活無算

裘克配字佩錫宋十九世同居裘承詢後裔也居崇仁鄉弱冠補弟子員旋補明經性孝友隨父炳應試僑寓蠡城會父病侍藥衣不解帶者匝月與昆季析産推肥擇瘠尤好施與乾隆辛未

乙亥嵊大祲皆輸粟以賑全活甚衆聖廟傾圮督修終事嵊向設社倉克配掌之數十年有盈無絀一鄉賴之他如施義櫬置義塚捐義田美舉甚夥治家嚴肅親見七代五世同堂卒年八十九子五健坎艮巽坤皆秉義方男婦二千指合爨同居恩誼無間臬憲秦瀛給額古剡義門健疑乾之訛

錢永頌貢生居長樂鄉乾隆十七年疫大作施捨棺木得免暴露十九二十連年歲祲邑令勸賑慨捐爲一方倡又獨任修造泮池泮橋蓋樂善不倦云

王桓凝字立如居東林賦性誠樸見善必爲每遇歲祲盡力捐賑里中貧無以葬者爲置欑備殮費又以朱塢山當縣東孔道建茶亭菴一區捐田三十餘畝爲煮茶費卒年一百有一子世清附貢生好施與有父風於村左崇福菴前建亭置田以爲施茶

憩息之所

張欒祐好善樂施乾隆辛未歲旱出粟以賑丙子又旱與其子仁標復出粟周窮乏仁標事親謹待諸季最友愛李府志

張克昌字繼文居上林富而好義母魏青年矢志克昌屢欲爲母請旌母泣曰爾祖母守志撫孤以年逾三十例不得旌何忍獨膺殊典克昌爲祖母請學使獎而爲其母請旌每冬月賫銀錢行風雪中給貧困終身無怠志有借貸者不索償晚耽禪悅高僧恆傳自天台來棲四明之巔克昌爲捐葺石屋禪院有第一樓洗心亭芙蓉峯諸勝江左名士如袁太史枚王孝廉鼎皆造廬訪焉子星毓孫會昷會晟能世濟其善云道光李志下同

裘韶容字純美居崇仁鄉附貢生敦古道守正不阿性尤好施乾隆丙子歲歉施米賑濟全活多人

袁和卿平生好善樂施待人以信鄉里推爲有道君子乾隆庚子嵊邑大水和卿出資周卹貧者賴焉府志

魏鏞字樂山居官地崇樸厚重然諾族里貧乏之者婚喪皆身任之創建宗祠捐置田畝歲荒捐米賑濟凡邑中義舉力爲之倡晚年立志捐建村外石橋事將成以老病未果屬其子雨沾成之卒年七十有五孫敦廉道光癸未成進士人謂積善之報道光李志下同

喻大中字位天明孝子祿孫後敦孝友父嘗患脾洩臥床三載大中朝夕不離及父歿喪葬盡禮與兄同爨二十餘年友愛倍摯尤慷慨好施乾隆己酉捐金重建大成殿外兩廡及戟門又獨任改建孝義祠於學署之西丙辰復於明倫堂後重建尊經閣邑中諸生或艱於鄉會兩試大中倡捐田二十餘畝以濟之邑

人亦慕義踵捐甲寅歲大祲捐米倡賑各鄉倣之全活無算嘉慶丙辰舉孝廉方正辭不就學使阮公給品重儒林額壬戌歲又歉捐米以賑中丞阮公復書誼敦任卹額獎之

錢豪居長樂鄉貢生捐科舉田施棺枋立義冢修永濟橋郡守給額獎之按志傳中舊載捐科舉田者查皆係鄉會試田今悉照學校志更正惟此所云捐科舉田不知係屬何項無查

劉純字粹生居太平鄉少孤貧力田奉母而壹志於學每旦必袖書以出且耕且讀晚則篝燈攻苦恆徹夜不寐有疑義則就質於兄與遂淹貫經史再試而餼於庠母病刲股以救及歿朝夕至墓瞻拜輒飲泣生平見義必爲尤好獎借後進嘗闢剡山書院暨錦水義塾又以秋試諸生往往窘於資斧中輟遂勸捐鄉會試田二百餘畝贍之純性端嚴動履一遵矩矱遠近皆敬憚之年六十八以明經終

張貴琦居清化鄉性好施樂善不倦里人有以貧鬻妻者券已成貴琦力爲調護質金完合之

張仲孝性嚴正慷慨樂施乾隆辛未丙子兩次捐粟助賑疫者給藥死者給轉又捐鄉會試田立義塚人咸德之

張仲賢居積善鄉國學生品行端方家僅中人產約已嗇用積有餘貲慨施棺木每逢歲祲煮粥賑饑凡義舉至老不倦年八十卒

錢珍字拭齋居長樂鄉附貢生富而好義凡公舉無不慨輸建點石菴前爲路廊以憇行旅置田十餘畝爲烹茶之費又獨建雙溪洞橋費不下萬金子附貢生釗善繼志而成之

支金字茂芳居四十八都支鑑路附貢生母早卒父病與兄茂本侍湯藥衣不解帶及卒盡哀事繼母能盡其力承父志於檽星

門右建屋五十四楹前爲考棚後作書院又恐久而廢圯復捐田二十畝以備修葺其他建宗祠置祭產倡捐鄉會試路費田凡諸義舉知無不爲嘉慶丙辰舉孝廉方正辭不就

張暐原名深金字友奎居清化鄉附貢生事祖母陳盡孝族子有方晬而失怙恃者收養之長爲之婚授田五畝俾爲生後無子又爲置妾歲饑同竺夏若張源佑捐粟賑濟居恆待以舉火者十餘家子謨貢生能繼父志云

俞文孝居遊謝鄉素好義創祠修塗不下八九百金嘗於稠木嶺下建鎮西橋又欲於虞邑石闊莊與楝樹下莊之間立石洞橋未及建而賫志以歿妻王氏善承夫志慨捐一千餘金諏日鳩工建石橋七洞人咸利之嘉慶庚辰王氏又捐金八百續成之子球孫九畹皆邑諸生

吳肇奎字國賢居棠溪儉而好施村左有桃花渡水勢迅激行人病涉舊雖有船而費苦不支國賢與從姪宗傳各捐田十五畝又建延陵家塾一所并置田以備膏火年稍歉輒免佃租每年寒士北上費難籌思所以助之未果而病臨終囑妻王氏代成其志王氏遂捐田貳百畝爲會試費郡守聶銑敏給慈雲載路額獎之

竺夏若字禹範例貢生居清化鄉父國元力農起家自奉儉約顧嘗以餘貲賑饑夏若克承父志歲饑先後捐賑尤篤於宗黨自六世祖以下諸孫戶口繁而多貧立義田二十餘畝每歲收其入以給欲得百畝之數以充之有志未竟而卒其子監生以清庠生鳳臺足成焉

錢萬國居長樂鄉國學生勤儉持家積有中人貲輕財重義嘗創

立祖廟增置祀產捐助茶田橋亭猶欲爲久遠計乃別置婚娶幼學入泮等田若干畝邑令給額獎之子世賢世慶均克承父志云

邢羣岳字齊五事繼母孝與弟析產悉讓弟已食貧後弟不給又賙卹之嘗夜獲賊視之族某也愀然以爲已過畀以數金囑家人不言某亦以此改行

錢煒字芳楷居長樂鄉國學生敦古道嘗慨施棺木周卹貧乏凡捐賑義舉知無不爲邑令嘉其行給尙義樂施額獎之

郭君實字介石石磃人幼貧爲人傭牧一日晨掃地於主者子婦房簾下拾珠釵一直可數十金抵暮無問者卒白於主還之家稍贏置田四畝餘有薦紳往來旁近富室君實叩人是胡爲者曰捐鄉試費田耳君實請於薦紳以所置田盡捐之村北有缸

窰山君實置產自此始時荒旱頻仍死亡暴骨君實因捨是山爲義塚新纂

唐永仁字義侯居唐田性方嚴好施與乾隆間歲連歉每晨起登樓四望有不舉炊烟者旋遣人以米給之不下數百石里有孀而貧者將改適仁聞其能守許每歲給貲以贍之遂全其節凡橋梁道路修砌不勝舉忽一日謂家人曰我明年某月某日當死及期召戚里沐浴更衣出中庭與飲并誡其子若孫飲畢拱手告親朋而逝同治志下同

王啓豐字西田桓凝之孫例貢生居東林性豪邁好義里中義塾圮啓豐葺之後復建講堂及左右書樓共二十餘楹增置田畝爲修脯資道光八年預修邑志生平課子嚴長景程尤著名

錢釗字青垣世居長樂鄉以諸生入貢工詩善飲慷慨有大度嘗

繼父志建雙溪洞橋費萬餘緡以三千六百金捐修黌序自宫殿至櫺星門皆鼎新之計建神廟六梵宫五茶亭三義渡一并置田爲經久計有友負逋千餘緡友抱歉自顧中年猶乏嗣請券己屋以抵負剑姑納之後舉子招飲欣然往隱袖券還友未嘗有德色里中僦居者數十家賃值悉置不問佃戶有負十年租者亦不忍奪其田也其他義舉多類此

王秀清字鏡艇居華堂國學生慷慨尚氣節遇公事義形於色嘗修孝節祠闢王右軍墓道道光間預修邑志歲庚子鄰郡兵警奉檄防堵陳公嶺並督修東城垣勞瘁弗恤也

馬季常字眉山居馬仁村附貢生性厚重課子孫悉繩以禮法客至無少長季常攝衣冠入座諸子旁侍不敢坐閒居雖盛暑不衣不敢見當時稱家教者必曰馬氏遇公事輒首倡與弟傳經

共成義舉不可勝紀卒年八十五

張夢蘭字謙菴太學生居遊謝鄉性孝友幼失怙母病衣不解帶湯藥必躬親與昆季至友愛及長理家政而未嘗廢書居恆重然諾端行止復好施與歲歉捐粟惠及道殣其他葺祉廟脩路亭捐義田諸善舉頗夥年八十猶慶齊眉子孫繁衍同堂者五世皆以孝友稱長孫錫齡舉於鄉有文名其品學尤爲時推重

宋彭山字壽齡歲貢生居羅松鄉初邑中寒士秋試苦乏貲彭山與邑廩生劉某謀向富家捐田補助事未畢劉卒遂獨肩其任每徒步至各鄉勸捐得田若干畝擇人經理均給之赴秋闈者氣益奮彭山力也子鑛有宿慧讀書過目不忘纔弱冠舉於鄉

裘怡蓮字鑑湖居崇仁鄉少穎悟善屬文道光辛巳以廩膳生舉於鄉由揀選知縣援例授職州司馬性孝友母病侍湯藥數月

不解帶昆季四長次俱析產惟與仲兄怡蕙俱蕙宦閩久旅費乏㧞擋寄之及署莆田令寄如故故蕙得以清廉著戊戌禮闈報罷與孝廉某同出都適某病囊罄分數十金以佽某歸病篤囑兒曹敬識之而蓮無德色居鄉授徒二十餘年從遊多賢俊遇公事必勤慎纂邑志修城垣皆秉公任之族有困厄者賑濟無遺力閭里皆稱其古誼

張瑤光號西亭附貢生居東張鳴皋子性謹厚好施與嘗繼父志置宗祠祭田暨曹江義渡鄉會童試諸費皆割膏腴助之歲歉煮粥以賑遇鄉鄰貧乏之者隨時周恤於宗族尤加厚

吳鏞字寶亭居棠溪慷慨好義道光乙未丙午皆大饑捐米倡賑全活無算北關外某以貧鬻妻券成畀以金完合之他如修路施藥養老育嬰諸善舉終身不倦南關外橋圮獨任重建費計

萬餘金工未竣而病劇彌留時屬子光昌曰善欲人知雖善無益斯舉也汝毋請獎昌從命不以上聞邑人不忍沒其義爲勒碑於橋畔

唐能忠唐田人性謹慤操陶業嘗以事冒雨至北溪盧某家會盧出能忠堅坐俟盧久不歸方起去抵夜盧歸諦視坐處履迹不移問何客至家人以告盧心異之妻以女一日販於蘇挾貲歸計之溢銀百餘兩即返蘇還其主能忠後生四子家日起今爲邑巨族云

邢模字向侃布政司理問銜居太平鄉好善樂施道光甲午乙未歲洊饑出米貳百斛以倡賑於村西里許剏成裕菴前築茶亭置田三十畝爲施茶費助永福鈞潭等菴茶田及本鄉清化鄉上虞曹娥江渡田此外如捐築西浦永濟橋萬金萬寶二堤並

給棉衣施藥捨柩諸義舉皆勉力爲之子導聖繼父志道光二十年捐修城垣以貢生議敘國子典籍

馬慶謨邑諸生城后人家貧合卺之夕黯然泣叩以故曰天寒吾曹擁輕煖如父母何居與族兄某比鄰旁有隙地長子某以金購之族某恚甚告慶謨謨責子曰我欲此地伯獨否耶焚券讓之其孝友平恕類如此

周禮南字錦屏諸生開元人嘉道間官吏朋比浮徵糧禮南倡議愬大吏庫書沈某時橫甚禮南集同志會城隍廟九獅圖沈畫閉城門嗾無賴毆禮南禮南乘夜縋城逸時天大雷電逐電奔範村張問山家張請毀家資禮南訟直禮南曲折聞其事於朝朝命湯文端金釗按其獄文端爲定糧席之法糧席者縣令於徵糧前設醴召薦紳與聞糧價終清代著爲故事自是官吏不

敢有巧取豪奪之舉是役也邑中大姓咸與而首發難者禮南也新纂

張謨字問山居範村貢生靜穆寡言笑倡公舉濟饑寒千金不吝戚友有急需求助罔弗與即與置不問親族有爭訟務使和解或隱爲彌補雖費多金終身不合受者知一方賴以無訟者三十餘年道光間邑紳訟官吏浮征謨毀家資訟費事詳賦役志　同治志下同

任羅峯字績備邑監生資敏慧喜讀書有至性年方少父母以時疫相繼逝嘗謂弟雲峯曰遭家不造弟勿以不肖名貽父母羞弟亦恭順事無大小悉稟兄命終身無間言羅峯遇事無模稜或有關於祖宗戚族者挺身任之不惜費亦不自以爲功鄰人有以負逋鬻其妻將去矣羅峯聞之代償其逋而止

童炳文字作錦上巔人邑諸生兄作求有子五人炳文惟一子作

求以賈出煩事遨娶喪其資或告炳文炳文微笑曰此我家事
爾何爲告者慚阻去尋逋負日積作求擬析箸割半產歸弟而
鬻己半以償逋炳文覺之託疾臥不起作求爲延醫謝曰我病
非藥治也兄食指繁留產猶不給今欲償逋請自弟業始作求
感之議遂寢竟其身不異居及營葬地兄弟娣姒各爲一穴其
友愛如此

吳祖仁字監周廩貢生三界人事親以孝聞誠慤孚鄉里人不敢
欺每入市有故昂其值者不之較人或知之曰此監周先生也
市儈輒引愧返其浮值尤善屬文一時從遊者衆指授無倦容
少故羸弱善病及年耄反矍鑠或叩其故祖仁曰予豈有他清
心寡欲而已卒年九十六

錢芳熙字宗雍居長樂鄉少孤窶甚盡瘁耕樵供寡母養比長勇

於爲義歲旱力浚溝渠以澤同坂冬大雪鄰人或以絕粒告傾囊濟之無吝色會婺東人有鬻女於其里者女族以爲恥議削譜芳熙爲贖其女且撫養以待其婚晚年嘗置山數畝謀建宗祏苦無資遂鬻山爲族人倡鄉閭義之

茹贊元字襄廷邑諸生幼失怙善事寡母素行爲鄉里所推凡邑有鉅役屢司出納終不名一錢家屢空弗恤也能書善擘窠大字尤熟於掌故道光間修邑志與編纂焉

張階平字笑山沙園人性孝友兄弟七人異母者二相處翕如也邑中一切義舉悉資助之尤篤於友誼貧交指困無德色道光癸卯舉於鄉由大挑任遂昌訓導居官亦以方檢稱

黄永修字愼齋諸生援例入貢署景寧教諭任數月盜起佐縣令設保甲法盜遂息甲辰秋金潭水災永脩偕戚錢錦城捐金數

千往賑之嘗倡建義塾置田以課族子弟有以貧鬻妻與媳者俱爲完聚其餘義舉多類此

董學龍居董塢岡道光間洊饑族中多艱於存活龍質己產以糴穀與闔族共之衆賴以濟至建祠造廟設立義塾凡屬義舉龍每爲之倡

黄令才字存哲居北莊樂善好施嘗建龍山橋於村北曲龍橋於溪東復倡建萬緣橋制甚鉅經費不支鬻產成之凡於施棺築道諸善舉俱力行不倦

袁茂源字林寶居禮義鄉早喪父率諸弟朝夕聚毋幃事悉稟命而行三十餘年如一日性聰穎喜博覽仗義樂施修社廟創宗祠於西橋外孔道砌以石凡五里董築麗湖磚埒倡建渡橋諸義舉皆身任之

錢沛字錦江太學生居長樂鄉釗子也性敦謹重然諾好藏書尤究心醫學採輯良方製刀圭以療疾父釗故建橋雙溪制甚鉅復爲水毁沛出萬餘緡重建之道光癸甲間邑繕城垣輸銀四千兩功竣得議敍運同銜晉三秩授通議大夫咸豐紀元後三助軍需不下萬餘緡辛酉洪楊潰兵入境沛捨田租萬餘石給窶人作避難資已卽挈眷之甬上聞鄉人倡義擊之猶寄五百金以佽亂定旋里重修大成殿暨祠廟之被燬者所費不貲時議置學田惠寒素卽割膏腴五十畝益之無吝色他如蠲逋負助婚葬善舉尤不勝數云年五十二卒

邢佳銘邑西坎流人國學生喜任俠有膽識咸豐辛酉洪楊軍竄嵊旋踞太平坎流沃磯三村佳銘集父老計議曰此輩狠而貪當先與酒肉財帛使驕且懈乃合民團擊破其悍黨之一股其

餘當自卻退矣衆從其謀某日坎流洪楊軍會飲方酣佳銘率子弟襲擊大破之餘果聞風宵遁地方乃安邢氏坐山數十里盡彤濯濯且多爲族豪侵佔佳銘不辭勞怨悉數提揭歸公培養不三十年而林木鬱然今其族中辦學及其他公益事均取費於此由是人文蔚起爲各族冠當時周實淥孝廉嘗語人曰佳銘豪傑士也常人固不識耳新纂下同

鄭宗濂字藕汀居城中諸生事父母饌必親奉季弟在華歿分居已久爲償積負更出五六千金資其孤百采讀律有成署淳安訓導上書請祀鄉賢方棨如以式多士道光間繕城垣光緒間振水災咸推爲祭酒遇親故有恩年八十餘卒

董一齋名道千湖上院人光緒初北山議建書院以費絀中止會眞如五龍寺僧不法遂與馬煊等請邑令陳國香移寺產作書

院經費陳如其請乃捐二百金爲倡身董其事即北山書院也生平樂善不倦遐邇皆稱爲善人年八十八端然而逝

鄭重字金波長橋人舉人邑北田稅半屬會稽時有吏胥毛老三設局浮徵爲姦弊重襲取册籍訴之官毛懼以千金賂重重不受積弊以革鄉黨至今德之

王翼字芷湘白泥墩人諸生父東屏以貲雄於鄉晚年多疾翼侍寢視膳昕夕無違凡滌溺按摩之役不假手於臧獲父歿銜恤呼號致嬰目疾先時有醫者傳治眼秘方翼不悋兼金合劑以應人求至是用秘方自治目疾瘳人以爲行孝好善之報而翼自視欿然曰人生痛苦無疾病苦也方藥施未徧安得盡人人而愈之翼卒遺命子孝檢孝賚等於邑城建造醫院以救濟病人云

裘振箕字亦樵諸生崇仁人自祖父遷城中因家焉振箕有幹才邑中公益事如城樓邑廟縣署及文星臺等無不盡心籌畫保嬰局剏於同治庚午或募捐或助田產或輸緡緡得以成立而嬰兒日增恆入不敷出振箕乃議徵絲茶雜貨聯合商民毅力勸辦至今繭捐年得千金爲嬰局收入大宗又請郡紳徐觀察士蘭以舊有房地撥助嬰局遂建堂規模益美備焉光緒□年夏米價騰貴振箕議設平糶局酷暑日赴局監視以是感熱邪囈語喃喃皆局中事未幾卒

宋維城字哲甫居城西附貢生光緒己丑癸丑辛邑中兩遭水災維城贊襄賑務規畫周詳故事有班房以羈待質罪犯老屋穿漏雨淋日炙羈囚往往瘐斃維城倡議籌捐改造遷善所嗣是羈犯無性命虞年五十九卒

史節居繼錦鄉人年五十無子捐田二十六畝爲其鄉文武生童應試及入學費又以田四十三畝捐作社廟橋渡及濟貧之費縣令王澤民爲立碑記之

沈銘山字永通甘霖鎮人西南兩鄉人入城由西橋進化龍門必繞道橋左苦不便銘山購橋右民房闢便道今稱斜西衕者是也自是行者便之

馬炯字濟文馬邨人諸生咸豐辛酉秋洪楊軍入嵊炯集北鄉義民倡辦鄉團建五色旗以兵法部署號北團爲合邑鄉團冠時張史二兵備道聞之資軍火發鈐記次年正月會西南各團攻踞城之敵不克敵追至福泉山下還擊敗之三月衝會稽平水營七月擊平水遊騎於登岸清壇等處斬首百餘級八月敵將范汝增呂天義率兵數萬由諸暨入榆樹高脚峯等處截擊於

雙溪尸横遍山谷敵宵遁九月敵軍集諸新會嵊四縣兵十餘萬誓破北團烔分兵拒守血戰於葑田嶺敵不能進乃分軍由間道入烔見腹背受敵且卻且戰敵不敢偪越宿悉師去十月五日縣城克復烔籌辦善後局旋隨兵備道張紹興府楊剿洗餘孽於會稽南池由是四境肅清邑令蔡上其功詔加五品銜由縣丞補缺以知縣用

黄瑞虞字儀庭孔村人洪楊軍入嵊邑紳馬烔募鄉團與之戰瑞虞實左右之每戰以身先大破之長樂鎮斬首數十追奔至東陽百餘里返攻城事平遂設善後局與同志規畫善後事宜光緒間嵊西黨匪嘯聚白晝搶刼民不得安枕瑞虞復與同志聯各鄉保甲資捍衛並乞兵大府剿捕得首要十餘人置之法餘黨悉解署德清長興等縣教諭故事入學者例有贄以貧富定

厚薄嘗往返爭持瑞虞曰此市道也有玷師範莫甚於此遇寒畯輒卻其贄士林稱之卒年七十三

周紀勳字芍軒開元人諸生咸豐辛酉洪楊軍陷嵊紀勳結諸暨新昌鄉團敗之復其城移兵向東陽又破之團總馬炯困於亂兵刃交下紀勳捍以身頤受創而炯乃免同治某年邑令某藉修葺縣署爲名橫征苛歛道路悁悁莫敢言者紀勳攘臂起曰余不忍見暴吏之毒吾民也乃控之大吏卒罷其役所居開元里濱溪常遘水患沙漲數里爲豪強兼幷力爭之以歸於公種竹栽木隄防以固里中自此無水患詩宗明七子有桐花吟館詩存行世

商慶皛字益三上沙地人道光甲辰郡城議修文廟派捐銀若干兩縣令吳以捐務委周孝廉青峯呂孝廉又村輩及至慶皛家

慶亂曰是捐分派未免煩瑣獨任可乎即捐銀千兩事聞提學使者爲嵊撥增郡學常額一名即以其子炳文補炳文字莘田性沖淡不慕榮利好吟咏著有刼餘集五卷雜文一卷幷輯古今詩海歷朝詩鈔若干卷年八十四卒

丁封三字祝齋許宅人咸豐五年任樂清訓導時邑匪倪廷謨等嘯聚爲亂縣令及城守先去之典史殉焉封三處危城中率領民兵剿除匪患地方安謐事聞大吏嘉其功令兼攝縣篆

呂清源字月艇黄勝堂人諸生咸豐庚申春洪楊軍陷浙會台匪白晝行刦南關外爲團勇擒獲十一人有司狃姑息欲置寬典清源力爭之斬以徇辛酉冬洪楊軍分股入嵊清源與武舉錢鎮嶽鎮雄率勇殲其衆於湖嶺未幾縣城陷鎮雄兄弟陣亡清源被擄至東陽巍山會南山團勇擊破甘霖長樂等營乘勝追

至乃得脱先是餘姚邵侍郎奉命督辦浙東團練開府紹興劄紳孫某勸辦團練捐至長樂鎮長樂錢氏富甲一邑孫覬覦之肆加恫喝清源侃侃與爭孫氣阻去由是遠近大戸倚爲長城難定後邑令延主善後局事無大小諮焉卒年四十四

孫鍔字越嶠附貢生洪楊軍入嵊倡辦團練嘗戰洪軍於白泥墩殺獲無算東陽僧福山素爲洪軍偵鍔星馳數十里斬之於玠溪人服其勇治掌故善議論得失著有怡雲草堂文集八卷蜀遊詩二卷

郭昭佐字醒皆廩貢生四齡失怙事母孝母病率子婦侍湯藥喪盡哀村旁萬金隄者自石碑至雅張七莊田廬資保障光緒己丑圮於水與邢洪圖輩請於有司函牘盈篋始撥帑修復隄成以督工積勞卒年五十二著有月樓吟社稿若干卷

卞乾佳富順鄉山等人自少業農貧而好義鄉廟燬於兵燹議重建資不足乾佳乃習爲圬工又夜乘星月入山谷負木石力苦與經營凡十餘年從不受值廟成乃已嘗至平水市鬻筍脯囊錢歸憩大雪嶺數囊中錢溢所賣筍脯量路人以爲賀乾佳曰吾愛吾財人亦愛其財奈何貪人財爲己利乎大雪嶺距平水四十里即馳返至某肆語其主計者曰先生前所給值誤矣主計者怒曰若爲誰誰誤若乾佳曰吾卞某曩先生給吾貨值非誤入乃誤出也即舉所溢錢置几上而去又嘗至蔡墅某家糴糠斗糠錢三十以價賤主人計量時不之顧至家斗計溢三之一翌晨走五十里還諸其人云

謝起麟字丹書居城西嘗晨詣某肆肆主人寢未興獨一僮掃地起麟即出是日肆失金意起麟起麟出金償之逾月肆中得前

所失金乃大慚起麟曰脫余嚮不承者必誣僮僮孤貧母老受誣則生計絕余之含垢忍辱者蓋以此咸豐辛酉洪楊軍陷嵊執起麟大罵遇害時十月初七日年六十四

王正方石璜人光緒三十年縣令丁艮翰議設游民習藝所正方捐建正廳三楹鳩工庀材親董其事費七百餘金次年創辦維經學校並捐產爲學費合計銀四千餘兩云

屠玉書屠埠人光緒十四年嵊東荒玉書捐米三百六十餘石在浦口鎮總管廟設粥廠賑饑同時有沈廷直者字琇山沈家塂人光緒十八年嵊東荒廷直先出穀一百石賑之復捐穀四百石請縣令設粥廠躬司其事

陳丐名荷土甕嶺人一日於縣南關外拾銀圓五十枚荷土守以待久之無來覓者時縣中方修治南橋費鉅萬荷土齎銀圓詣

橋董某曰願捐拾遺銀五十枚聞者歎異之

袁尚譽字汝屏碧溪人諸生事祖母父母出告反面晨省昏定自童年迄成人踐履無虧十四世十九世遠祖祀不豐尚譽各置祭田四十畝光緒之季倡辦南鄉公學時尚譽海上商業敗乃家居釀酒會學款匱輒停釀濟之有友暴病客死負尚譽八千金還其券不責償云

姚麟字定生原名鴻業邑庠生慷慨有大志甲午中東戰役後憤外侮日深上書陳時政闕失當道爲之動容嘗設館於學宮以儲能效實爲多士倡斥貲於學山之麓築僑園創設學校曰師曾蓋慕曾文正之爲人也嵊邑興學校自麟始後徙居嘉興清政不綱麟孤憤塡膺酒後輒痛詆之罔識忌諱宣統元年五月九日夜半湛於河其事跡隱疑莫能明也然賈志以終士林悼

之

嵊縣志卷十六終

嵊縣志卷十七

人物志

義烈

明

高鶴鳴字震青居城東隅衡兄也明弟子員負經世志聞懷宗崩痛哭流涕會魯王監國有旨勤王鶴鳴破家召募以赴急難捍禦無遺力及敗盡節死年三十有詩數卷師行云義戈烈烈武興關國爾忘家不再還不惜尸骸裹馬革但將魂魄向梅山讀者咸閔其志云子克屏諸生何時旌獎無考同治志下同

清

章應梁順治五年勦賊陣亡同治志據舊志列女傳補何時旌獎無考

陳世昌字篆山舉人居城北隅博通經史志行剛方不諧於俗舉

咸豐壬子鄉試兩赴禮闈不第家居憤鬱視流俗無一當意譏笑怒駡醉後時作阮嗣宗哭嘗著有周易闡義地理大全未梓辛酉洪楊軍抵嵊家人以避亂請勃然曰賊不久殄耳吾得死所矣及城陷被執脅之降大駡曰豈有降賊陳篆山乎恨無力磔汝遂遇害事聞賜祀崇義祠廕一子慶桂承襲

錢鎮雄字占城武舉剡源鄉山口人貌如冠玉而英邁過人辛酉起義與從弟鎮嶽破新昌土匪逐胡嶺遊匪十月初旬洪楊軍由諸暨竄嵊弟兄禦要隘斬數人後敵萬餘至左右夾攻彈中腦而亡事聞賜祀崇義祠廕一子

錢鎮嶽字石隄武舉鎮雄從弟莊重寡語言剛膂力有禦侮才辛酉議辦防務推爲團首破新昌土匪逐胡嶺遊匪十月初洪楊軍竄嵊鎮嶽率團禦之手刃敵騎四左右衝突敵不能近後敵

以鳥鎗齊擊之中彈死事聞賜祀崇義祠廕一子

裘省成號雲衢貢生居崇仁性孝友父母俱享高年省成謹事之終身兄弟四人合爨四十餘年獨肩家政男婦三千指無閒言丁未壬子歲薦祲出米一百七十石賑之辛酉秋洪楊軍偪近鄉中辦團防出己貲一千三百串後洪楊軍抵崇仁被執不屈死事聞祀崇義祠世襲雲騎尉子引初承襲三千指當有訛姑仍舊志載之

宋運周貢生居鴨舍坂辛酉冬奉九十五歲老母避新邑山中十一月初七聞弟運久被擄痛哭奉母命歸省遇洪楊軍於途遂被害時年六十三事聞賜祀崇義祠廕一子孫世言承襲

邢燦貢生居沃基遇洪楊軍不屈死時年七十事聞賜祀崇義祠廕一子長孫慶瀾承襲

張容貢生居十九都沙園莊辛酉冬洪楊軍焚掠容出而抗拒敵

執容欲刺之容痛罵不絕死極慘事聞賜祀崇義祠廕一子孫名芳承襲

尹貞增生居甘霖鎮性沉毅好參性理書青藜萬學政歲試性理論名冠八邑辛酉奉諭辦團攻城不克壬戌春聞天台民團克復台城徒步往台借勇偕新勇並攻城城堅守嚴又不克退守甘霖敵大股圍之遂遇害事聞賜祀崇義祠廕一子天傑承襲

郭誦芬字芬畹增生居太平鄉石碑生平勇於爲人抑強扶弱鄉里重之咸豐十一年八月洪楊軍踞嵊境焚掠甚慘誦芬憤入南山創義集團以拒敵十一月十四日與敵戰逐北五十里斃敵無算乘勝合邢樹南呂宗楷呂協城之衆數至二萬踰白楓嶺攻破東陽敵壘六直逼城下時民兵入鄰境地利疏衆心恃勝稍懈前鋒已入城巷戰搏敵後衆不繼誦芬浴血陣亡爲敵

焚凶問至家妻錢氏一慟而絶子婦周氏哭姑繼死樹南監生
同死東陽城内丁勇死者數十人載全浙忠義録事聞賜祀崇
義祠廕一子世安承襲
呂宗楷字蘅槎諸生居長樂鄉後宅辛酉冬嵊西洪楊軍既遁東
陽盤踞巍山下程馬等處楷曰東邑爲嵊後路非先勦滅攻復
嵊城無益也遂率勇徂東先是其妻過氏避難東邑玠溪莊洪
楊軍突至過氏自縊死次子正璿痛母死曰必報仇因從東邑
團長程式金招集義勇楷領嵊勇至即共圖復東陽城合東勇
攻南北二門嵊勇攻東門洪楊軍覷東人潰潛從南北迎擊楷
父子血戰多時死城下事聞府道贈一門義烈額學憲吳特給
忠節可嘉匾額同治五年賜雲騎尉世襲祀崇義祠襲次完時
以恩騎尉世襲罔替

俞斐然字蔚齋諸生居蒼巖性魯勤問學辛酉冬某夕洪楊軍燒蒼巖屋已燬倉卒出奔被刺要害斃於巷長子原泉亦殉焉事聞賜祀崇義祠廕一子

張福星諸生居大灣辛酉冬洪楊軍焚掠至莊婦女悉號泣福星欲出排解遂遇害時年六十一事聞賜祀崇義祠廕一子孫汝承襲

周肇嘉諸生居開元辛酉歲洪楊軍將至勸之避不可乃口占曰避難於人多不便何如高臥效袁安迨至鄉民有貼順字於門者嘉揭去之遂被執大駡敵怒磔之焚其尸事聞賜祀崇義祠廕一子友誼承襲

商光遠字愷山諸生居方山辛酉冬遇洪楊軍不屈死事聞賜祀崇義祠廕一子

錢曰範諸生居長樂辛酉冬被擄洪楊軍以火灼其體索賂曰範大駡不絶磔之焚其尸事聞賜祀崇義祠廕一子

張鳳池諸生居新沃辛酉冬駡洪楊軍被殺時年五十五事聞賜祀崇義祠廕一子世襲雲騎尉

單殿彪字美緒武生居十七都石門同治元年率東南鄉勇合攻城於東郭死之事聞賜祀崇義祠子有恆

張錫榮武生居黌院辛酉冬被擄至城洪楊軍偉其狀貌親釋縛勸降錫榮大駡洪楊軍怒斷其右臂暈絶復甦仰天大駡頭觸階石死事聞賜祀崇義祠

俞浩然武生斐然弟同日遇害事聞賜祀崇義祠

裘永初職員貢生省成子隨父殉難事聞賜祀崇義祠廕一子孫獻瑞承襲

施乃溥職員居瓜渚莊辛酉冬挈眷避難於新邑逌山洪楊軍擄其子嘉渙去溥奪之被殺妻沈氏亦遇害女桂眷姑投水死事聞賜祀崇義祠蔭一子長孫慶萃承襲眷姑二字疑有訛

潘振治職員居東門外隨練勇禦洪楊軍身傷刃死事聞賜祀崇義祠蔭一子恩榮承襲

余寅字少帆諸暨增生團勇統領陳朝雲幕賓也同治壬戌夏洪楊軍踞嵊城屢攻不克邑紳籲請陳來嵊攻勦寅與朱之琳遂隨朝雲帶精勇數百名由陳公嶺紮營於晉溪華堂城外洪楊軍望風遁嗣由華堂移營新邑扎會屬邑團勇期定八月八日辰刻攻城先於初六日出屯茶坊洪楊軍已預調鳥鎗馬步隊數萬於初七卯刻出城衝突朝雲迎擊三戰三捷寅與之琳亦各領一隊接戰寅中洋礮死敵遂肆殺屍不獲收事聞賜雲騎

尉世襲祀崇義祠

朱之琳山陰諸生字韻珊亦陳朝雲幕賓也朝雲移營新邑紀律嚴明居民忭慶皆琳與寅調遣合法使然也寅性剛愎將屯茶坊琳與衆議俟團勇齊集寅不可次日與洪楊軍戰身中數十鎗猶大呼殺賊洪楊軍憤極裹殺之碎其屍投諸水事聞賜雲騎尉世襲祀崇義祠

陳珩字望之安徽懷寧人由軍功保舉縣丞祖廷弼道光間嵊典史父弢有才望以知州留辦湖北山東等處軍務時珩年幼亦悉兵機咸豐庚申弢奉憲扎辦理浙江軍餉兼文案珩奉祖廷弼及家屬由浙至嵊寓嶺家焉未幾省垣失守弢死之珩聞憤泣誓不共戴天辛酉洪楊軍抵嵊城陷輒同南鄉團勇禦敵自十月十三至二十三日血戰經旬至城下衆團潰珩猶奮勇獨

登遂遇害同治二年九月部議照四品以下陣亡例賜世職雲騎尉

吳鎔棠溪人監生壬戌閏八月洪楊軍由寧郡回嵊鎔駡賊死

王之楨觀下人監生壬戌四月洪楊軍由寧郡回嵊之楨隨團董堵截十五日血戰陣亡

張景福大灣人監生遇洪楊軍擄其子抱持之脅以刃不懼亦不屈殺之擄其子去

樓仁歸樓家人監生壬戌八月猝遇洪楊軍挺身直前數其罪惡洪楊軍怒縛其手剸以刃駡不絕聲遂被殺

周敬忱新塘人監生幼失怙事母孝壬戌八月遇洪楊軍不屈死

邢樹南下南莊人監生父爲洪楊軍所害樹南誓報仇約衆團攻長樂洪楊軍營乘勝攻東陽陣亡

錢倫煥長樂人監生隨父又蓁弟倫標避洪楊軍於羊角礪遇搜山並被擄詈其父謂已死倫煥哭罵不絕殺之投諸水洪楊軍退家人尋得其屍色久不變

錢倫標監生倫煥弟當洪楊軍初入境率團勇六百名奮擊於崇仁奪其馬匹旗幟殺獲無算後與兄並被執屹立數人曳之不能動又以身佩利刃指爲土匪頭目擒至營復詆罵不屈遂遇害

郭純粹前王人監生爲洪楊軍所執不屈遂遇害

周振聲開元人監生遇洪楊軍不屈死

張慶鐃範村人武監生侍七旬病父在家洪楊軍至手格殺數人敵麕至竟遇害

尹自邠甘霖鎮人監生攻洪楊軍營陣亡

俞寅字虎林蒼巖人監生喜讀書親師友然狂於飲辛酉冬洪楊軍至不避被擄至新邑射圃脅降不屈駡益甚敵怒斷其頭以蓋酒甕

俞作霖蒼巖人監生壬戌八月洪楊軍至巷戰死妻袁氏女五妹同遇害

鄭泰寶長橋人監生辛酉洪楊軍抵嵊寶領二十六社團勇分守要害敵不能過而犯虞邑者凡二旬十月十九敵衆夾攻之團勇潰猶帶勇上丁宅嶺大呼殺賊賊怒殺之焚其屍

裘章字藍田監生崇仁人禦敵陣亡

潘家福居東門外辛酉城陷避山上邏兵執之不屈媳王大姑同日死

章沛霖儒士居章村路辛酉洪楊軍入境霖以母初亡子殤妻又

投水死倀倀遇洪楊軍欲強之入城不屈殺而投諸南橋下

單有懷居石門殿彪姪殿彪攻洪楊軍傷彈懷扶叔行被洪楊軍追及並遇害

王正佳上虞人寓蘆田助唐星河禦洪楊軍斃於彈

馬飛熊武童居馬仁村素善騎射有奇氣辛酉十月初六日洪楊軍由諸暨抵嵊仁村團勇迎擊之熊殺敵數人初七陣亡其祖毋聞熊死義從容自縊年七十一歲

裘世銘居崇仁性簡厚辛酉避洪楊軍依祖塋恥薙髮投水死

錢鎮軍鎮嶽弟與鎮嶽同日陣亡

黄肇忠居富順鄉竿竹山精技擊負俠氣咸豐十一年冬率鄉勇至諸暨楓橋鎮疊破洪楊軍闔邑響應十二月二十二日乘勢攻諸暨城不克同治元年正月攻嵊城又不克會二月六日會

稽余觀瑩大破敵於平水鎮肇忠奮勇助勦四月帶鄉勇入諸暨包村屢立戰功旋以被圍糧盡六月三十日率鄉勇潰圍出力竭被擒敵以鐵烙徧灼其體遂被害載全浙忠義錄

安其招太平鄉安宅人洪楊軍自東陽入嵊必經三隘曰白楓嶺曰柞關曰大嶺均有鄉團分守咸豐十一年十二月洪楊軍萬人攻大嶺其招守大嶺所部僅三百人據險力戰殺敵數十自辰至午深入敵圍其招死之同時陣亡者五十餘人其招平時禦衆有方又得地利既死不亂敵疑有伏數日不敢窺三隘載全浙忠義錄

呂賢遴長樂鄉雅安人咸豐辛酉洪楊軍陷嵊城其遊勇竄入嵊西上自太平鄉下至甘霖鎮五六十里悉爲巢穴渠魁鏞天義魏賊鏞賊二字疑有訛盤踞長樂鎮勢尤猖獗曰敵營不破吾屬無死

所矣遂傾囷起義一時雲集者數千人星夜分路攻擊遴領義勇先攻長樂營殺敵千餘名奪馬三十餘匹敵驚潰甘霖鎮以上敵營悉潰遁東陽遴以陷陣太猛死於難事聞府道贈紓難成仁匾額

高振文儒士昇平鄉高家人博通經史尤精數理卜易多奇中洪楊軍將抵嵊自知死期辛酉十月初七日辰起具衣冠坐堂上命子孫遠避洪楊軍至諭以理不入大駡之遂遇害時年八十五

楊士林居碧溪辛酉十一月十六日攻長樂營陣亡

張成標字杜堯甘霖人幼讀書麤識字比長貌魁梧多膂力里中少年咸憚之咸豐辛酉洪楊軍陷嵊鄉人呂月艇尹月坡輩倡辦團練成標爲領隊戰輒當先一日遮敵東山灣成標持挺衝

突獒敵數人會敵騎擁至所部潰成標怒曰賊亦人耳畏之如虎耶直前赴敵中彈死時十一月十三日也比敵去家人跡成標立崖下視之僵矣所持梃仍勿釋

鄉賓孫天鑣
徐耀嘉
佾生章功禹居章村路
陳基權
王武鑑
林本堯居下林
汪阿寶居浦口
黃永法居長灣底
俞曰嘉

楊永照
易玉堂並居城中
以上一都方山鄉
王潮清
王武凱
王厚林居墩頭王
潘宗敬居過港
葉廷忠居長坑底
俞允坤

薛恆鉉
任宗林居馬鞍巖
陳正昌
王成建
吳金海並居蔣家埠
張邦梓居山前
姚盛玉居姚家
胡金松居山東灣
陳方孝

俞允旦　俞曰高並居閘水　閻培強居王广春
徐信寶　徐克孝　徐建仁
徐漣光　徐大本　徐大霖並居瀟溪
孫善興居白巖下　金爲孝居下宕頭　俞金富居宕頭
以上三四都康樂鄉　王道金居棠溪　孫新簪
孫德煥　孫德榮　孫德見並居珠溪
葉惟堯　葉惟球　葉學芳
葉學詩　葉惟賢　葉惟信並居大屋
葉守謙居上屋　葉守宣居上林　張克勤居東坂
魯世麟　壽德照並居上江　婁華滿居官塘
葛惠金居湛頭　盧亨宰居招村　以上五六七都崇信鄉
魏振倫居官地　王開清居白泥墈　以上八九十都筮節鄉

姚見豪
胡霞清居橫路
姚振才
陳朝法並居晉溪
李鑑潮
以上十三四都金庭鄉
笪從輅
韓敬時
韓敬運
王國賢
陳錫耀
俞上標並居鄭家墺

王祿英並居官園
以上十一十二都靈山鄉
姚紅記
王恭望居華堂
儲積江並居墈頭
笪正會
笪欽兆
韓財忠
韓永運
以上居靈鵝莊十五都孝嘉鄉
周煥文並居仁村
任協祝

陳良沅居廠車
姚宗秀
姚金榮
李培興
笪秀林居濟渡
笪正楊
笪高千
韓樹忠
潘明德
單仁壽居石門
俞迎忠
李景春原籍東陽並居石舍

俞佩玘
以上十六七都忠節鄉
徐開封居強口
屠宏高並居屠家埠
麻端錫
劉雲松
劉鳳標並居金村
馮尙喜居疊石
王嘉孝
王充明
王利仁居裏大山
任文誌

俞佩釗並居前岡
徐自泮
屠鳳書耆民
以上十八九二十都遊謝鄉
劉碧桂
劉碧雲
陳阿蘭居下王
馮廷高居鄭家
王彝芬並居獨山
王繼福並居外大山
李宗法居李墺
任文多並居下安田

唐錦標居上唐
徐金殿並居白巖
屠開旺
張慶海
錢增元
劉海松
沈元侯居沈家灣
李仁錫居箭墺
祝惠沾居祝墺
王嘉安居石坑
以上二十一二都靈芝鄉
陳文玉

陳宗超並居嶺頭山　應逢開居應家巖　裘耀見居溪灘
以上二十三四都崇仁鄉　馬志徠　馬志明
馬亦良　馬世慶　張顯南並居馬仁村
張阿東　沈傳煦並居趙溪　費華烋
費文信　宋阿林並居趙馬　馬其廣
馬金學　馬奇學並居西山頭　李望道
李道錢　李道本　任美珩鄉賓以上孝節鄉
王良泮　王安仁　王錫三
黃昭法　黃汝衡並居穀來　黃仁範一家被害四口
黃珏靜並居富順　馬景李　馬運法並居下坂
張加春　張忠秀並居富順　馬雅相
徐朝仕並居下坂　卞興治　卞乾錫並居卞家山等

馬錦雲
馬先鳳
馬保榮並居舉坑
裘德楷居錢村
周小牛
李念四
黃宗社並居呂墺
陳友魁居箭潭
馬濟松
馬美小
馬延魁
馬延紹
馬美剛
馬美佐並居馬村
馬昌效
馬昌駉
馬世桂
馬世洋
馬保倫
馬心元並居城后
李朝法居山王
黃肇孝
黃和秀
孫敬良並居竿竹山
王嘉賓
王朝林並居高腳峯
馬六寶居高坪山
蔡世照居下東山
劉從位居護國嶺
尉立仁居上陳以上三十一三十二三十三都富順鄉
鄉賓樓仁生居樓家
李明錦
李明輝
蔣金富
李元蛟

李元義　李元良並居長坑　周大錦
尉仁法並居戴溪　許茂山居楊坑　錢承佳
錢秀卿　徐金龍並居古竹溪　屠運旺居石倉
葉禮富居何家　裘光炯　裘光謙
朱士成並居下王　范善富　裘榮茂
李作新並居范油車　葛阿鈉居葛村　張全耀
方丙貞仙居人並居培坑　以上三十三四都崇安鄉　張文獻
張三老　張慶釗　張慶餘
張慶式　張永端並居雅張　黃聲大
黃名玉並居孔村　袁玉崑　監生袁旣清並居袁家
吳應學居渭沙　錢松周居石璜　張忠榮居寺根
朱孝林居水磨灣　王廷孝　王潮潤並居黃泥塘

周敦燮居新塘
張貞煒居新屋
以上三十五六都羅松鄉
錢金兕
錢越倫
錢登峙
錢高春
錢炳魁
錢鎮月
錢世松
劉海老
吳美善義烏入
張和中
張明增並居山口
邱阿朝
邱培英並居冷塢
王小喜居茶坊
錢金林居道場
王智新
黃廷福並居崗下
錢阿招居巖頭
蔣關長
錢千老並居董家坑
張雨全
宋元金
錢連寶並居周村坂
錢越興
錢高松
錢國勝
錢允中
錢敦森並居璠田
劉春久居白尤圍
錢高琴居王杜嶺下
王允全居牛爿樓
劉富老居石井
蔡中桂居大塘灣

錢敦堂居杜塘　錢阿財居西園　周恩加
周恩招　嚴桂花並居棗園　商枝根
樓小高並居苦竹　邢炳春　樊連寶
張金松　張顯浩並居松明培　以上三十七都剡源鄉
邢國治　邢功浩　邢佳蒸
邢功春　邢明德　邢功烈
邢海招　邢培朝　邢培林一作昭林
應惠彰　應鳳洲　劉茂賢
劉銓老並居高塽頭　邢標老　邢世宏
邢世和　邢洪照　邢國林
邢偉士　邢法林　邢象玢
駱阿毛並居屋基　葛紹聖　錢賢慶

邢允煥並居上南莊　邢匡勇　邢匡森
邢延允　邢洪高　邢林海
邢延廣　邢成悌　邢啓燊並居下南莊
呂賢老居王金叢　周朝相　周和方
邢仰顯　駱才新　金加富
傅兎老　黃安忠並居橫店　安貞龐
安其貴　安汝學　安雪老
安汝效　安汝達並居安宅　王洪春
王俊潮並居崑溪　韋祥鳳　斯國翰並居水口
邢向瑾居下防山　麻端海　麻春興
麻端招　胡家富　嚴小惠
安正松並居麻家　邢在光　邢貴清

邢嘉烈並居上湖　邢青富居深溪　劉起端居橋頭
郭招香　郭世錢並居殿口　劉園老
劉安增　劉安斌　劉茂芳
劉茂寬　劉金芳　邢端貴並居水竹菴
劉士老　劉茂昌並居東園　劉金宏居栗樹坑
周慶田　周啓標並居周莊　劉漢興居石磡
邢祜全居黃家莊　以上三十八九都太平鄉　呂正忿
呂學進　劉初孝　程昭松並居雅安
呂正熷　呂元忠並居後宅　呂世鏕
呂世欽　呂世錦　呂世鑠
呂世賢　呂芳榮　呂正錄並居白宅墅
呂芳名居梓溪　呂載元　馬阿玉

馬登高
安利法
饒晉老並居烏巖坑
過建清居宅前
呂朝宋居上塢山
張允老
張如林並居松樹嶺
潘元興居寺橫路
金火老居沙坵
周醇助居前王
黃朝松居貴門
朱人銓
朱人寶
朱和富並居上里
李世金居金銀塢　以上長樂陣亡
呂正璿
呂元祥
呂正材
呂學淛
呂正旭
呂正滋
呂正薛
呂正羔並居後宅
呂賢崧居雅安
呂正緣
包招才並居白宅墅
呂勳洼
王鑑清
黃朝賢並居貴門
朱和明
朱金孫
朱紅老
朱賢老
朱和朝並居上里
錢貽增居柏椿坑
過芳江

過正松並居梓溪　楊時采居上塢山　過來助居黃沙潭
董朝全　董朝青並居後宅　以上東陽陣亡
過永桂　過鳳森　過阿增
過康釗　過康明　過永賢
過松海　過百全並居尤家嶺　以上守大嶺陣亡
呂學斌　呂學政　呂賢儁
呂賢湊　呂正波　呂正柏
呂正耿　呂正任並居雅安　呂元蛟
何更元並居後宅　朱啓煜居上里　李福財居金銀塢
過正材居黃沙潭　以上攻嵊城陣亡　並係四十都長樂鄉
錢賢卿　錢龍弟　錢光亮
錢阿興　錢旺安　錢我棣

錢章錦　錢承東　錢章彩
錢家森　錢　坦　錢芳秋
錢昌炳　錢旺福　錢在超
錢大構　錢家春　錢敦中
錢敦土　錢綴華　錢光清
錢旺慶　錢福金　錢高泰
商小根　厲紹運　厲紹林
沈發秀　任世元　楊小芳
郭忠恕　張遵海　張副貫
張士良　以上並四十一都長樂鄉　周錦林
周先增　周友照　盛孝永並居開元
鄭學宰　鄭學寶並居珠溪灘　虞萬國

虞萬標
董有本居姚墓山
史濟廉
郭國恆居湯園
商章錫
商廷照並居沙地
錢金順居張家
葉光瑞
葉曾生
葉清秀
葉詩才
李昭法

虞萬寬
以上四十二都開元鄉
胡榜芬並居湖前
商清岳
俞阿玉
史致遠
斯國翰居坑口
葉才盛
葉光紅
葉和松
葉榮寅
李紅昭並居葉家

虞萬春並居前王
劉小桂居鄭莊
錢承桂居西英
袁嵩高
龔錦秀
史致福並居後史
以上四十三都繼錦鄉
葉明廣
葉世清
葉繼法
葉紹錦
王阿惠

錢亨昭　周則富　周金榮並居上塘頭
周世綱　周積富　周思恭
周思昶　周因禮　張高遷
壽小忠　盧正培　過福林並居上朱
張阿南　張金玉　張小愈
張昭明　張炳南　張春老
張究究　張傳春　裘錦鳳
錢芳標並居上路西　張國運　張曾孝
張曾斌　張培法　張高團
金會文並居下路西　袁茂章居下塘頭　李德炳
李德煜　徐熙隆並居東王　王良贊
王良鈞　王良標　王聖政

王存忠
史金盛並居蔡山灣
陳文魁
俞友遠東陽人並居陳家
趙貴成並居王家
張昌遠並居東張
金討撰居大王殿灣
趙小金
俞孫招並居俞家磡
宋敦善
李德訓
李孝義並居下楊

曹桂林並居西王
宋世河
陳家剛
潘學炯居前王
張正明
袁茂鶴
以上四十四五都積善鄉
趙正鐮並居倪家渡
王書錦
宋敦顯並居鴨舍坂
李繼準
丁廷治居上板楊

史家潮
宋安國並居宋家
史小兔
王長頭
張慈棣
袁肇楷並居黃泥山
趙墨覯
俞招財
姜金松並居吳家田
李道隆
李德楷
潘學林

張昭法　葉福德　沈一清
沈一泳並居甘霖鎮　呂元中　呂恆英
周成法並居黃勝堂　李道權　李阿雪
徐熙和　劉雙鼎並居東王　尹自昭
尹嘉英　尹慶位　趙慶學
尹在義　趙堅賢並居尹家　高小良居上高
謝興宗居官屋基　求啓惠居求家塆　王際昌居前王
金全法　趙遇賢並居孫村　蔡福全
孫彭述並居謝家　張阿彬居戚家　倪智國居下倪
唐天台居上屋　袁廣愷居黃箭坂　周世銀
周世鳳並居寺前　徐金松居梅澗橋　張思淵居湖藍
周秀培居上沙坂　王世聰居下王　王洪燦居上王

以上四十六七都桃源鄉
張河元
張慶鐃
竺光昇並居范村
金齊法
金家楨
金家珍
張遠涵並居西金
張孝廉居東湖塘
松法前
蔣慧煜
王維翰並居白泥墩
史錢老居西湖
史積善居支鑑路
章功賢
王廷耀並居下鎮莊
張承宗居外宅
吳德鳳居江田
以上四十八九都清化鄉
金有朝居東山
袁茂蓮居光明堂
謝世愚
謝華愷並居江下
李本招
李念宗
李興寶
李學詩
李連元並居李家
施嘉根
施嘉運
施嘉增並居施家嶴
俞心桂
俞小淵
俞文學
呂友德並居蒼巖
施乃雲

施乃善　施乃喜　施乃恆
施嘉銀　施嘉木　施嘉治
施嘉佐　施嘉明　施嘉禮
施嘉文　施嘉東　施慶柏
施慶殿　施桂松　施才祖
施仁善　施大孝　施士福
丁榮華並居和尚殿　王恩亮　王恩銀
王大秀　沈福老並居長安　董有富
董有睦　董忠法並居寶溪　陳華元
陳孝親並居大圻巖　劉瑞昌居淡竹園　張錫炳居石道地
陳武式　陳武明　陳武鴻
陳德聰　陳毓海　陳士華並居壕嶺

周孝泉　周世元　袁廣清
袁五老　張大富並居漢溪　華九森居何家塢
陳韶興　李家富並居嶺根　丁賢美
丁增喜並居丁家店　厲壬駿居蔣家灣　華秋魁居陳坑灣
周興福　周興祿　周興達並居大溪
周恩義　周恩德　周恩桂
周孝江並居小溪灣　葉紹曾　錢雨田並居西施巖
周增智居八宿屋　張維清　張國仙
張方林　張方士　張華松
張榜老並居相家嶺　張慶豐　張慶招
張慶林　張慶煥　顧明法
顧銀祖並居白巖　王繼芳　王繼寬

王統助並居平頭
姚明慶居茹湖
鄧明德
張允松
張方河並居西景山
張雲蛟
章睦老居西陳
袁時貴
袁槐山
竺學大居和尚山
陳源濱
陳光先

周有法居西珠
王睦老
錢維鴻並居上葉村
吳福標並居周村
陳來森
張忠紹
以上五十五十一二都禮義鄉
袁時祥
袁廣賢
趙美寬居花田
陳光升
陳之富

金在松居畫眉灣
王貴朝
張方朝
張方蘭
張漢標
張成林並居石岱山
袁大熉
袁才有
袁天台並居上碧溪
以上五十三四都昇平鄉
陳家豐
陳與賢一家二口遇害

陳光祖　陳養賢　陳斯瑞
陳之運　陳斯常　陳養林
陳養脩並居陳村　陳之高　陳之庸並居前巖
鄭家正　鄭俊思　鄭克振
鄭克浚　鄭觀方　鄭賢佐
鄭師忠　鄭純然　鄭周德
鄭俊傑　鄭俊賢　鄭惠美
鄭興義　鄭景升　鄭廷棟
鄭天成　鄭培封　鄭才彥
鄭晉琅　鄭受封　鄭大鍾並居長橋
鄭武見居黃岸莊　鄭洪法居北東村　鄭俊燊
王孝芳並居蔣岸橋　陳夢說　陳金美

陳世德　陳之松　陳禹績
陳進寶　陳光正　陳秉成
陳三義　陳世高　陳之槐
陳詒燕並居黃荆山　杜毓性　杜斯全
杜金木並居杜家堡　沈發忠　沈彩武
張芳春並居沈塘堡　張永泉居衕堂山　閻元銳居蔣鎭
閻敬修居溪頭　沈禹聲　朱望祥並居溪灘
喻道增　喻道才　喻信善並居喻宅
吳升雲居楓樹嶺　以上五十五都德政鄉　孫懋芳
孫懋松　孫覺海　孫芳午並居孫墺
趙建業　趙禹安　趙在茂
趙金法　趙生連並居西謝　馬善功

蔡小毛　陶春耕　陶十七
樓尙效　樓尙交並居顯潭　蔡大本
馬建宋並居下顯潭　王利義　張武訓並居王城
馬均行　馬世美並居馬溪　樓方傳
樓周賢並居巖潭　杜懷岳居外岡山　張孝安居張蔣
張方有居溪西　孫明運居北塔　陶興桂居莫墺

以上五十六都東土鄉

以上同治二年五年賜祀崇義祠

陳德光字輝亭增貢生居德政鄉候補從九歷官至開建縣丞咸豐辛酉在籍殉難欽贈鹽知事蔭一子錫祚入監讀書六月期滿以縣主簿入册候銓

孫雲標武生居孫墺辛酉冬禦洪楊軍陣亡事聞賜祀崇義祠世

襲雲騎尉廕一子亦沾承襲
吳湘江諸生居德政鄉同治壬戌殉洪楊軍難欽贈鹽知事廕一
子敦安入監讀書期滿以縣主簿用
俞欽字作恭居蒼巖議敘縣主簿辛酉冬殉難
袁章南鄉賓玉鏡父性豪爽通經史兼工樂律咸豐辛酉十月初
七日城陷知不免猶高唱大江東去殉難年七十一
袁子康字殿庸諸生載清四子聰穎力學人僉以偉器期之辛酉
秋洪楊軍逼境隨父與兄喬价避城東仁村妻父竹氏家十月
初七父命進城視長兄翼時翼在城團防總局方督八標兵勇
禦敵西門外兵潰城遂陷四出焚掠子康至楊溪渡適遇敵被
擄死年才二十
袁殿傳儒士年五十一妻祝氏四十四歲辛酉城陷不屈同死

葉金三職員辛酉冬城失守避奔明心嶺遇洪楊軍不屈大駡死

宋世耀辛酉十月初八日殉難十一月十七子啓煌尋母死於難並居城中

盧兆麟居二一都石板頭同治壬戌年六十一殉難

張立功居山前莊壬戌六月遇洪楊軍不屈死時年六十

陳金瑞壬戌遇洪楊軍不屈赴水死

朱祥國壬戌遇洪楊軍不屈傷十餘刃并棄其屍於塘

張立揚壬戌四月不屈死　張立誠辛酉冬不屈死

朱嘉謨不屈死　朱嘉祿不屈死

宋仁旺年五十七殉難並居何家村

鄭承梅壬戌八月殉難時年七十九

鄭允義辛酉冬殉難時年七十三

鄭裕榮壬戌閏八月陣亡　鄭裕煌辛酉陣亡並居竹山莊以上三都
孫德軒明燦子壬戌陣亡
孫德江　孫德鈞並居珠溪以上五都
袁章彩年七十三　袁章煥年七十　袁玉潮年二十四
袁玉相　袁玉忠　袁玉泰年二十二
袁玉春　袁玉清　袁玉瑞
袁玉駿　袁玉明　袁玉懷並居石橋陣亡
齊惟雲壬戌四月遇洪楊軍斃於銃妻葛氏哭罵奔救亦遇害
葉士鑑壬戌四月十九同團勇攻洪楊軍奮勇當先敵梟其首去時年二十五
陳孕耀居横塘橋壬戌四月被擄不屈敵刃其喉死時年六十二
竹輿林鄉賓年八十一辛酉冬聞城陷與七十三歲妻楊氏從容

分堂上梁左右投繯死
竹臨元壬戌五月遇洪楊軍赴水死猶被刺數鎗
竹臨榮壬戌四月被擄不屈死年四十二
竹臨岱臨榮弟先兄二日遇洪楊軍不屈死並居東郭
張世年監生居湖頭張家壬戌四月投河死年四十六
魏中倫監生居官地壬戌八月殉難
丁岳金年七十三同妻殉難
張基詮年六十八殉難並居沙地係八九十都
丁煥岳壬戌被擄至東陽八面山下大溪投水死年四十六
許廷璧年五十七同妻殉難並居許宅十一都
黃存楷十六都北莊人年八十九五世同堂同治元年洪楊軍至
駡不絕聲遂遇害

張政居十九都沙園莊府知事銜階平弟辛酉殉難事聞恩卹世襲雲騎尉襲次完時給予恩騎尉世襲罔替

童寶山居十九都裏坂莊五品藍翎紹協右營把總咸豐辛酉安慶接仗陣亡

裘上智諸暨包村陣亡樓巖莊人

俞迎恩居十八都辛酉冬殉難前岡莊人

朱文揚同繼緒死於難居下璜莊　裘友元同團勇攻城陣亡居崇仁

裘繼緒瀛振兄辛酉冬被擄至斯宅不屈死居下璜莊　以上二十八九都

王光英三十三都下王人壬戌八月洪楊軍竄入村與裘田員被執不屈死時年五十九

錢東山居石璜莊有智勇嘗舞兩鐵圈重數斤刀棍不能入壬戌正月二十三日率本鄉勇千餘同各團勇攻城力竭越數日死

袁章傑監生壬戌冬殉難居袁家以上三十五都

張祖培字蔭軒職員三十六都寺根莊人疎財好義一鄉稱善士辛酉十月遇害年六十人咸痛之

張德琳字青湖祖培子性孝辛酉十月間洪楊軍陷城隨父避山中一日父歸視家遇洪楊軍被害琳聞耗奔回殯父畢遂不復避曰父已死焉用身爲越數日與洪楊軍接仗被擄至長樂營不屈死後洪楊軍被鄉團逐去家人收其屍神色如生

邢佳璥被擄不屈死

邢功粲佳畹子不屈死

邢壽祺監生功粲子辛酉十月避洪楊軍石山坪母氏夏居小崑祺至母所欲負母而逃洪楊軍忽至小崑祺奮然糾衆執兵鬬殪敵三人俄而敵夥至衆奔祺被執不屈死時年二十六母亦同受傷延至五日卒並居高坳頭

邢銀才辛酉十月攻東陽陣亡

邢敏燦壬戌八月珠溪灘陣亡

柴雙頂珠溪灘陣亡並居橫店以上三十八都

金雙祖攻東陽城陣亡　朱愷富攻東陽城陣亡並居上屠莊

錢又棻居長樂莊貢生辛酉冬殉難事聞贈布政司都事蔭一子入監讀書六月期滿以縣主簿註册以上四十四十一都

袁得英諸生居花橋莊辛酉十一月初七日不屈死

商維揚字傅巖上沙地人武生咸豐辛酉四月洪楊軍踞金華大吏檄郡紳孫某守白楓嶺維揚率鄉團佐之十月敵軍分道至一自會稽陶隱嶺入一自諸暨上谷嶺入各擁萬餘人駐崇仁鎮維揚從參將葉某迎戰敗績嵊城陷維揚被執大駡逆賊遂遇害時年三十四弟湯元同殉並四十三都

張國鉅　張思寬　張思啓

張思紅　張廉寶禦敵陣亡並居湖藍莊　四十七都

黃兆豐監生居查林辛酉冬攻長樂陣亡時年七十一

支廷梓　支廷治並辛酉冬攻城不克死

支公啓父亡廬墓未周年殉難並居支鑑路

張錦瀾貢生辛酉冬被擄不屈死居範村　以上四十八都

裘聖華居淡竹攻城不克陣亡

周孝桂居下英山　操寶田居沈大灣　陳開仁居嶺根

袁長友居漢溪　丁鳳儀居丁家店　竺一大居和尚山

陳忠蘭居大邱巖　葉逢春居西施巖　許光祥居楊樹山

陳士見居跌宕山　沈十弟　陳培朝並居麗湖

以上五十一都人陣亡　自周孝桂至陳培朝計十二人何地陣亡未詳

王庭發居五十二都東陳莊辛酉年陣亡時年五十七
單德源字海門監生居馬路堂辛酉辦南局團防禦洪楊軍十月
初七日城陷猶帶勇禦敵於南渡傷洋鎗死
高炳蕚高承瑞高承慶兄弟殉難
桑三老辛酉冬被洪楊軍擄至新昌營不屈割其耳令自食卒殺
之並居黃泥橋
高際泰字吉齋諸生居高家以上五十三都
沈建章辛酉被害年六十三居沈塘
袁文成辛酉冬同二子遇害年八十三居袁家塘
袁章錦年五十三章河年五十一父文成兄弟侍父疾並遇害
吳裕占　吳品三　吳永鑑
吳芳鼇　吳廷茂　嚴之賢以上六人舊志無事實

沈兆貴居前墺莊年五十三咸豐辛酉冬禦敵陣亡

鄭詩法遇洪楊軍不屈死以上五十五都

謝啓麟職員辛酉冬城陷殉難時年六十四

章錦福諸生煥國子素有膽略就業甘霖鎮辛酉冬洪楊軍逼城歸奉栗主奔遇洪楊軍死並居城中

孫德煥壬戌陣亡珠溪人

葉正和遇洪楊軍持鎗與抗被害

葉方被從寧郡官兵剿洪楊軍陣亡

葉方月同台團攻城陣亡塔山下並居厚仁莊

裘廷耀諸生遇洪楊軍不屈死

裘炳全武舉廷耀子陣亡居溪灘莊

張祥生大灣莊人辛酉冬奉母避難會稽西蘇莊遇洪楊軍不屈死

王奇生侍父鄉賓英南病不忍遠離洪楊軍至辱其父大罵死時

年四十一
張慶瑤貢生辛酉冬遇洪楊軍不屈死並居範村
謝世和居江夏莊辛酉冬甘霖鎮陣亡
王朝祥居長安莊壬戌正月攻新邑敵陣亡
孫殿三監生居孫墺辛酉冬洪楊軍由平水抵孫墺紮營殿三糾衆戰於嶺北團勇潰死之
王天星居嶾嶺辛酉冬陣亡年三十四
董大才年四十八　董林岳年四十五
董一元年二十八　董杏林年四十並居大董莊
董阿牛年二十八居牆衕堂莊　以上並辛酉十月十九日陳村陣亡
鄭阿朗年三十八居長橋莊辛酉十一月二十一日會稽陣亡
吳饔老年六十四弟成霖年五十二並辛酉十一月十八日東山

灣陣亡居石舖山

孫顯仁監生年三十五辛酉十月初一日陣亡居孫墺

周孝生辛酉冬攻東陽城陣亡

黃學敬年八十一辛酉冬傷彈死

周和欽年五十六辛酉遇害並居石頭堆

駱朝清駱鑑琳駱鑑清並居徐家培壬戌八月同北團攻諸暨縣城陣亡

以上同治九年請旌

吳飛翰字墨林棠溪人廩生咸豐辛酉洪楊軍陷嵊明年夏五月飛翰率民團搗城不克擬大舉籌糧餉廣招募事未集會敵軍由寧波掩至迹飛翰所在執之命降飛翰戟手大罵曰我受國恩誓吞鼠輩恨力不逮耳頭可斷志不可屈也遂被害時閏八

月二十四日也新纂下同

吴載華字梅莊棠溪人咸豐辛酉奉母避難洪楊軍由寧波入遇於杜潭莊母被執載華請以身代遂死之時壬戌閏八月二十三也

金月槎雅堂莊人咸豐辛酉洪楊軍入嵊月槎練鄉團捍禦尋潰被擄欲挈與俱月槎厲聲曰若不自愛竟欲自賊賊人耶遂自刎

馬學援字文虎咸豐辛酉粤難作隸團總馬濟文部下與洪楊軍戰被擄至寧波不屈死兄學融遇洪楊軍被擄亦不屈死於白泥墩

鄭詩法三界人咸豐辛酉洪楊軍入嵊詩法被擄駡不絶口敵人怒縶其手足從大𡋯頭投之江

屠傳高字鎬齋江東人咸豐辛酉洪楊軍入境集同志備器械捍衛鄉里十一月十六日敵來攻巷戰勢不敵臂受重創猶手刃一人而死時年三十六

裘德楷字蕭山崇仁人咸豐辛酉洪楊軍陷嵊鄉人皆倉皇避德楷以母病不肯行已而洪楊軍至入其室捽其母欲毆之德楷奮起擊之洪楊軍怒環脅以刃不屈曳之門外益大罵不絕口遂害時年三十有一

張鳴鏘甘霖人咸豐季年洪楊軍抵浙江邑城陷里中人不知所爲往視鳴鏘則戴朱纓冠著深青袍曳皂色靴安步詣敵營敵睨之曰若來降乎鳴鏘厲聲曰不汝降特來降汝乃者金陵巢穴危如累卵投戈反順轉禍爲福此其時也不然必無幸矣敵曰嘻腐生獨不畏死乎鳴鏘曰畏汝寧戴吾頭來耶敵怒手刃

之吭絕啞然一笑而逝時壬戌正月二十九日也

商章錫居上沙地　閻永盛居溪頭　錢均華居長樂
邢遵偉居下防山　涂傳銘居大石山　金士欽居東山
任承方居馬鞍遶　沈名富居泉墺　張小潮居西金
馬素佺居西山樓　馬素偁居西山樓　蔡岳源居甘霖鎮
吳中雋居棠溪　吳又新居棠溪　高際泰居高家
袁旣清居袁家　茹朝綱居多仁　張安福居培坑
黃艮瀚居黃箭嶺　邢　燦居屋基　馬濟斌居馬村
裘家珍居藏岡　馬克勤居舉坑　錢謨聖居長樂
邢安國居大崑　馬學俊居西山樓　徐文銓居城區
高敬艮居三王　盛玉山居城區　俞友敦居上高
李庭鑑居城區　李文齊居木瓜橋　沈孝怡居輔仁鄉

呂興旺居小坑　吳連玉居棠溪　吳如明居棠溪
竺季瑞居範村　吳慶粤居棠溪　馬景和居甘霖鎮
竺光彝居範村　吳盛旦居棠溪　竺雪軒居範村

以上旌獎未詳

嵊縣志卷十七終

嵊縣志卷十八

人物志

隱逸

南北朝

戴勃字長雲安道子也爲散騎常侍與顒並高蹈俗外二葉肥遯世稱清風家盈素氣故使箕潁重輝夷皓疊跡爲海內所稱焉前後辟命不就剡錄　宋史南史並作勃舊志作㪍剡錄作敎同治志按晉書戴逵傳長子勃有父風義熙初以散騎常侍徵不起尋卒此云爲散騎常侍與史不符姑存俟考

戴顒字仲若譙郡銍人父逵兄勃並隱逸有高名顒十六遭父憂幾於毀滅因抱羸疾會稽剡縣多名山故世居剡下顒及兄勃並受琴於父父沒所傳之聲不忍復彈各造新弄勃制五部顒制十五部顒又制長弄一部桐廬多名山兄弟復共遊之又出

居吳下吳下士人共爲築室聚石引水植林少時繁密有若自然乃述莊周大旨著逍遙論釋禮記中庸篇宋元嘉中徵不就衡陽王義季鎮京口長史張邵迎顒止黄鵠山山北竹林精舍林澗甚美義季亟從之遊文帝每欲見之謂張敷曰吾東巡之日當宴戴公山下也以其好音給正聲伎一部嘗爲義季鼓琴並新聲變曲其三調游弦廣陵止息之流皆與世異南史宋書漢世始有佛像形制未工逵特善其事顒亦參焉宋世子鑄丈六銅象於瓦官寺既成面恨瘦工人不能治迎顒看之顒曰非面瘦乃臂胛肥耳卒年六十四無子景陽山成顒已亡矣上歎曰恨不使戴顒觀之　祀鄉賢

宋

吳大有字有大寶祐間入太學升上舍居賓序以詞賦有聲率諸生上書極言賈似道誤國害民狀不報遂退居林泉與林昉仇遠白珽等六七人詩酒相娛時以比竹林七賢宋亡返剡更名

嵊號松存元初辟爲國子檢閱不赴泰定間脫帖穆耳以上千戶所達魯花赤分鎭於越攝萬戶府事與大有善大有嘗言得附葬於二戴死不恨矣及卒耳輟俸爲葬於書院之側年八十四著有雪後清音飯牛茗味歸來幽莊等若干卷松下偶抄三卷先是大有之友費九成爲信州司理秩滿赴京會大有上書亦與俱隱乾隆李志

元

張爚居范邨少孤立不凡以家世宋臣絕意仕進稱莘疇居士作休休吟以見志與其友宋長卿崔存朱鼎元等賦詩爲樂所著有紀蹟錄每日所行必書之以自考至老不輟裔孫憑珍其錄請華亭徐階平湖陸光祖山陰張元忭爲之序乾隆李志下同

許鷟字伯玉居東林里弱冠爲諸生有文名而試輒不利婦翁胡

某嘗覽所試詞賦謂必中選後以複韻黜胡執鶚手一嘯而卒鶚歎曰知造物所以處我者矣因放浪江湖以詩文見志作石窗瀛洲等記飄然物外學者稱爲石窗先生自題像曰竹杖棕鞋幅巾野服意氣不仙而仙形狀不俗而俗田無五畝詩有千軸安命不憂守道自足此其所以爲石窗之福石窗爲誰姓許名鶚而字伯玉

王璛字公玉居東林里操行端慤元季李公平以懷材抱德薦授慶元路儒學教授不就明洪武初召至金陵復授前職又以毋老辭時邑人許汝霖單復亨同應聘起復亨授令而璛與汝霖皆謝職歸璛善篆楷工詩文所著有玉軒集

明

胡樂字濟英居東隅受業王文成門聞文成卒衰服哭之極哀以

貢授連江訓導遷海豐教諭致仕歸子掄貢大廷會以事廢有
慰之者樂曰向平婚嫁久畢意未嘗不在三島五湖尚復問後
人事耶怡然不爲意人服其度年八十卒

丁彥伯字性甫與弟美祖同受業海門時稱二難由歲貢任安義
知縣平易近民不事刑威性恬淡不耐簿書請改教職不報一
日候臺使於郵亭夜分不至晨起獨策騎返吏胥不知也旋乞
休杜門卻掃琴書而外不問他事年八十餘卒著有蟋蟀吟

盧用義字治生居仁德鄉家貧采樵供菽水父沒廬墓終喪居恆
以孝弟雍睦開示閭里人多化之三十餘補邑諸生旋食餼明
亡隱居教授卒年七十三

童其鈁字啓之居遊謝鄉邑諸生放邁不羣往來四明山尋幽覽
勝得意忘返性好飲飲輒醉里中稱曰酒仙山寇起居人多奔

竄其鈁放飲如故寇至輒酌酒與飲寇喜其坦率以禮遇之
趙汝諍字孝義起之子師王思位終身稟命惟謹家貧授徒自給教以歌詩習禮循循有規矩生平重然諾嚴取與重交遊隱居灌園客至則與圍棊酌酒問花聯句留數日猶戀戀不忍別卒年七十五著有五達書思位疑思任之訛

寓賢

晉

許詢字元度高陽人父旼爲會稽內史因家焉詢有才藻善屬文能清言與太原孫綽齊名隱居不仕築居於永興之西山蕭然自放一時名士無不傾慕劉惔嘗曰清風明月輒思元度後終於剡山兩浙名賢錄　道光志云舊志詢嘗築室金庭其裔孫有家金庭者名潛唐中葉爲著作郎曾孫丑唐末爲秘書郎五代間自金庭徙東林今金庭有濟渡邨許家廟其遺蹟也

戴逵字安道譙國人少博學好談論善屬文能鼓琴工書畫其餘巧藝靡不畢綜性不樂當世常以琴書自娛師事術士范宣於豫章宣異之以兄女妻焉太宰武陵王晞聞其善鼓琴使人召之逵對使者破琴曰戴安道不爲王門伶人後徙居剡縣性高潔常以禮度自處深以放達爲非孝武帝時以散騎常侍國子

博士累徵辭父疾不就郡縣敦逼不已乃逃於吳吳國內史王珣有別館在武邱山逵潛詣之與珣游處積旬會稽內史謝元慮逵遠遯不返乃上疏請絕其召命帝許之逵復還剡後王珣爲尚書僕射上疏復請徵爲國子祭酒加散騎常侍徵之復不至晉書下同　同治志按舊志郗超爲逵起宅於剡之桃源鄉卒葬於剡所著有五經大義三卷纂要一卷竹林七賢論一卷文集十卷別傳一卷

王羲之司徒導從子也年十三嘗謁周顗顗異之時重牛心炙顗先割啖羲之於是知名及長辯贍以骨鯁稱尤善隸書爲古今之冠起家秘書郎還寧遠將軍江州刺史又爲會稽內史殷浩將北伐以書止之又與會稽王牋陳浩不宜北伐幷論時事羲之雅好服食性不樂在京師初渡浙江便有終焉之志會稽有佳山水名士多居之謝安未仕時亦居焉孫綽李充許詢支遁

等皆以文藝冠世並築室東土與羲之同好嘗與同志宴集於山陰之蘭亭自爲之序以申其志性愛鵝會稽有孤居姥養一鵝善鳴求市未得遂攜親友命駕就觀姥聞羲之將至烹以待羲之歎惜彌日又山陰有一道士養好鵝羲之往觀意甚悅固求市之道士云君爲寫道德經當舉羣相贈耳欣然寫畢籠鵝而歸嘗詣門生家見棐几滑淨因書之眞草相半又嘗在蕺山見一姥持六角扇賣之羲之書其扇各爲五字姥初有慍色謂曰但言是王右軍書以求百錢人競買之他日姥又持扇來羲之笑而不答每自稱比鍾繇當抗行比張芝草猶當雁行也曾與人書曰張芝臨池學書池水盡黑使人耽之若是未必後之也稱病去郡於父母墓前自誓與東土人士盡山水之遊弋釣爲娛又與道士許邁共修服食採藥石不遠千里徧遊東中諸

郡窮名山泛滄海歎曰我卒當以樂死年五十九卒有七子知名者五人元之凝之徽之操之獻之同治志云周志金庭觀乃右軍故宅有書樓墨池墓亦在焉隋大業間沙門尚杲爲誌其墓永樂間張推官樹碑墓右山陰有宅稱別業即今戒珠寺

孫綽字興公博學善屬文少與高陽許詢俱有高尚之志居於會稽遊放山水十有餘年乃作遂初賦以致其意常鄙山濤而謂人曰山濤吾所不解吏非吏隱非隱若以元禮門爲龍津則當點額暴鱗矣所居齋前種一株松恆自守護鄰人謂之曰松樹子非不楚楚可憐但恐永無棟梁日耳綽答曰楓柳雖復合抱亦何所施耶綽與詢一時名流或愛詢高邁則鄙於綽或愛綽才藻而無取於詢沙門支遁試問綽君何如許答曰高情遠致弟子早已服膺然一吟一詠許將北面矣嘗作天台山賦初成以示友人范榮期云卿試擲地當作金石聲也榮期曰恐此金

石非中宮商然每至佳句輒云應是我輩語除著作佐郎襲爵長樂侯王羲之引爲右軍長史轉永嘉太守遷散騎常侍領著作郎桓溫欲經緯中國移都洛陽朝廷畏溫莫敢先諫綽獨上疏溫不悅曰致意興公何不尋君遂初賦知人家國事耶尋轉廷尉卿領著作綽少以文才稱於時文士綽爲其冠溫王郗庾諸君之薨必須綽爲碑文然後刋石焉年五十八卒子嗣有綽風文章相亞位至中軍參軍早亡舊志綽嘗遊剡諸山歎其佳絕

阮裕字思曠以德業知名王敦命爲主簿甚被知遇裕以敦有不臣之心乃終日酣觴以酒廢職出爲溧陽令復免官居會稽剡縣即家拜臨海太守少時去職復除東陽太守尋徵侍郎不就還剡山有肥遯之志有以問王羲之羲之曰此公不驚寵辱雖古之沈冥何以過此又云裕骨氣不及逸少簡秀不如真長韶

潤不如仲祖思致不如殷浩而兼有諸人之美成帝崩裕赴山陵事畢便還諸人相與追之裕亦審時流必當逐己而疾去至方山不相及劉惔歎曰我入東正當泊安石渚下耳不敢復近思曠旁裕嘗以人不須廣學正應以禮讓爲先故終日靜默無所修綜而物自宗焉在剡曾有好車借無不給有人葬母意欲借而不敢言後裕聞之乃歎曰吾有車而使人不敢借何以車爲遂命焚之在東山久之徵散騎常侍領國子祭酒俄復以爲紫金光祿大夫領瑯琊王師經年敦逼並無所就年六十二卒三子傭寧普傭早卒寧鄱陽太守普驃騎諮議參軍同治志云郡志中興書祖軌齊國內史父顗汝南太守萬歷志子寧孫萬齡世居剡

謝敷字慶緒會稽人性澄靖寡慾入剡太平山十餘年鎮軍郗愔召爲主簿臺徵博士皆不就初月犯少微少微一名處士星占

者以隱士當之譙國戴逵有美才人或憂之俄而歎死故會稽人士以嘲吳人云吳中高士便是求死不得死乾隆志云歎嘗於剡中造風林寺崇信釋氏以長齋爲業

謝萬字萬石太傅安弟也才氣高俊早知名歷吏部中郎將豫州刺史散騎常侍嘗入剡善屬文能談論爲八賢論謂漁父屈原季主賈誼楚老龔勝孫登嵇康也剡錄

謝玄字幼度少穎悟爲叔父安所器重及長有經國才畧桓溫辟爲掾轉征西將軍桓豁司馬領南郡一作郯相監北征諸軍事苻堅強盛邊境數被侵寇朝廷求文武良將可以鎮禦北方者安乃以玄應舉於是徵拜建武將軍兗州刺史領廣陵相監江北諸軍事進號冠軍加領徐州刺史以功封東興縣侯及苻堅自率兵次項城衆號百萬詔以玄爲前鋒都督諸軍事與叔父征

虜將軍石從弟輔國將軍炎西中郎將桓伊等距之衆凡八萬玄先遣廣陵相劉牢之五千人直指洛澗堅進屯壽陽列陣臨肥水玄軍不得渡堅遂麾使卻陣衆因亂不能止玄與炎伊等以精銳八千渡肥水決戰堅中流矢衆奔潰自相蹈藉投水死者不可勝計肥水爲之不流詔遣慰勞加號前將軍假節固讓不受以兗青司豫平加玄都督七州軍事以勳封康樂縣公會翟遼張願叛玄自以處分失所上疏送節求解所職又以疾上疏解職詔書不許前後十餘上久之乃轉受散騎常侍左將軍會稽內史輿疾之郡卒贈車騎將軍開府儀同三司謚曰獻武子瑍嗣秘書郎早卒舊志謂三子曜宏微皆歷顯位是誤以韶孫爲玄子也子靈運嗣永和中爲劉裕世子左衞率舊志云初玄父奕爲剡令樂其山水有寓居之謀玄因歸剡嶀山東北太康湖於江曲起樓樓側桐梓森鬱人號桐亭樓

郗超字景興司空愔子也愔居會稽超少卓犖不羈有曠世度累遷中書郎司徒長史超每聞欲高尚隱退者輒爲辦百萬資幷爲造立居宇在剡爲戴公起宅甚精整剡錄

殷融陳郡人歷太常吏部尚書仲堪其子也有才操仲堪子曠之爲剡令有父風時融病虛悸聞牀下蟻鬭謂是牛鬭曾遊剡沃洲記

何充字次道廬江人思韻淹通有文章才情累遷會稽內史侍中揚州刺史嘗入剡晉陽秋沃洲記

王徽之字子猷羲之子卓犖不羈爲桓溫參軍嘗居山陰夜雪初霽月色清朗四望皓然獨酌酒詠左思招隱詩忽憶戴逵逵時在剡卽夜乘小舟訪之經宿方至造門不前而返人問其故曰本乘興而來興盡而返何必見安道耶今艇湖卽徽之回艇處

有子猷橋周志

王操之字子重羲之子徙居剡之金庭以公卿薦起家豫章太守歷侍中尚書晚年家居徜徉山水今王氏之居孝嘉鄉者皆其裔也道光李志

王洽字敬和導諸子中最知名歷散騎中書郎又加中書令嘗遊剡白居易沃洲記李府志下同

劉恢字道生沛國人識局明濟有文武才王濛稱其思理淹通蕃屏高選嘗入剡剡錄云出宋明帝文章志及沃洲記

王坦之字文度述之子與郗超俱有重名歷散騎常侍大司馬嘗遊剡沃洲記

謝朗字長度據之子文義豔發名亞於玄仕至東陽太守嘗至剡中晉陽秋沃洲記

王濛字仲祖晉陽人神氣清韶放邁不羣嘗遊剡王長史別傳
袁宏字彥伯陳郡人謝安賞其機捷辨速嘗入剡晉陽秋 沃洲記
王修字敬仁晉陽人父仲祖也修明秀有美稱爲著作佐郎瑯琊王文學曾入剡沃洲記
蔡系字子叔濟陽人司徒謨子有文理仕至撫軍長史嘗曰韓康伯雖無骨幹亦自膚立嘗入剡晉中興書 沃洲記

南北朝

孔淳之字彥深魯人也祖炎父粲淳之少高尚愛墳籍爲太原王恭所稱居剡性好山水每有所遊必窮幽峻或旬日忘歸嘗遊山遇沙門法崇因留共止遂停三載法崇歎曰緬想人外三十年矣今乃傾蓋於茲及淳之還不告以姓除著作佐郎太尉參軍並不就居喪廬墓服闋與戴顒王宏之王敬宏等共爲人外

之遊又申以婚姻敬宏以女適淳之子尙遂以烏羊繫所乘車轅提壺爲禮至則盡歡共飲迄暮而歸或怪其如此曰固亦農夫田父之禮也會稽太守謝方明苦要之不能致使謂曰苟不入吾郡何爲入吾郭淳之笑曰潛遊者不識其水巢棲者非辨其林飛沉所至何問其主終不肯往茅室蓬戶庭草蕪徑惟牀上有數帙書元嘉初復徵爲散騎侍郎乃逃於上虞縣界中家人莫知所在南史下同

謝靈運祖玄晉車騎將軍靈運幼穎悟玄甚異之少好學博覽羣書文章之美與顏延之爲江左第一襲封康樂公以國公例除員外散騎侍郎不就爲琅琊王大司馬行參軍累遷秘書丞坐事免後爲相國從事中郎世子左衛率免官宋受命降公爵爲侯又爲太子左衛率少帝卽位出爲永嘉太守郡有名山水遂

肆意遊遨徧歷諸縣動踰旬朔在郡一周稱疾去職靈運祖父並葬始寧并有故宅及墅遂移籍會稽修營舊業傍山帶江盡幽居之美與隱士王宏之孔淳之等放蕩爲娛有終焉之志文帝徵爲秘書監再召不起使光祿大夫范泰與書敦奬乃出尋遷侍中賞遇甚厚每文竟手自寫之文帝稱爲二寶表陳疾賜假東歸與族弟惠連東海何長瑜潁川荀雍太山羊璿之以文章賞會共爲山澤之游時人謂之四友乾隆志云嘗入剡登嶀山觀四畔放彈丸落處即立祠宇今有謝仙君廟嶀浦釣魚臺車騎山康樂遊謝二鄉皆其遺蹟也

顧歡字景怡鹽官人家世父祖並爲農夫歡獨好學年六七歲知推六甲父使田中驅雀歡因作黃雀賦而歸雀食稻過半歡貧無以受業於學舍壁後倚聽無遺忘者夕則然松節讀書或然糠自照及長篤志不倦入剡授徒常近百人歡早孤讀書至哀

哀父母輒執書慟哭學者爲廢蓼莪篇晚即服食不與人通每旦出戶山鳥集其掌取食好黃老通解陰陽書爲數術多效驗初以元嘉中出都寄住東府忽題柱云三十年二月二十一日因東歸後元凶弑逆是其年月日也弟子鮑靈綬門前有樹大十餘圍上有精魅歡印樹樹即枯死山陰白石邨多邪病人哀訴歡往邨中爲講老子規地作獄有頃見狐狸黿鼉自入獄中即命殺之病者皆愈又有病邪者問歡歡曰家有何書答曰惟有孝經歡曰可取仲尼居一章置病人枕邊恭敬之自差也後病者果愈人問其故答曰善禳惡正服邪此病者所以差也齊高帝輔政徵爲揚州主簿及踐祚乃至稱山谷臣進政綱一卷優詔東歸上賜麈尾素琴永明元年詔徵爲太學博士不就又注王弼易二繫學者傳之知將終賦詩言志卒於剡山時年六

十四身體香軟道家謂之尸解焉還葬舊墓木連理生墓側縣
合江山圖表狀武帝詔歡諸子撰文議二十卷
褚伯玉字元璩吳郡錢塘人也高祖含始平太守父逷征虜參軍
伯玉少有隱操寡慾年十八父爲之婚婦入前門伯玉從後門
出遂往剡居瀑布山性耐寒暑時人比之王仲都在山三十餘
年隔絕人物王僧達爲吳郡苦禮致之伯玉不得已停郡信宿
纔交數言而退寧朔將軍丘珍孫與僧達書曰聞褚先生出居
貴館此子滅景雲棲不事王侯抗高木食有年載矣自非折節
好賢何以致之昔文舉棲冶城安道入昌門於茲而三焉卻粒
之士湌霞之人乃可暫致不宜久羈君當思遂其高步成其羽
化望其還策之日暫紆清塵亦願助爲譬說僧達答曰褚先生
從白雲遊舊矣古之逸人或留慮兒女或使華陰成市而此子

索然唯朋松石介於孤峯絕嶺者積數十載近固要其來此奠慰日夜談討芝桂借訪薜蘿若已窺煙波臨滄洲矣知君欲見之輒當申譬宋孝建二年散騎常侍樂詢行風俗表薦伯玉加徵聘本州議曹從事不就齊高帝即位手詔吳會二郡以禮迎遣又辭疾上不欲違其志勑於剡白石山立太平館居之建元元年卒年八十六伯玉常居一樓上仍葬樓所孔珪從其受道爲於館側立碑

孔珪南齊書作稚圭字德璋山陰人少涉學有美譽太守王僧虔見而重之引爲主簿舉秀才再還殿中郎高帝爲驃騎取爲記室參軍與江淹對掌辭筆建武初爲平西長史南郡太守珪以魏連歲南伐百姓死傷乃上表陳通和之策帝不從徵侍中不行留本任珪風韻清疏好文詠不樂世務居宅盛營山水憑几獨酌傍

無雜事門庭之內草萊不剪中有蛙鳴或問之曰欲爲陳蕃乎珪笑曰我以此當兩部鼓吹何必效蕃卒贈金紫光祿大夫剡錄云孔珪嘗入剡從褚伯玉受道

唐

吳筠字貞節華州華陰人通經誼美文辭居南陽倚天山天寶初召至京師請隸道士籍乃入嵩山依潘世正究其術元宗遣使召見與語甚悅勅待詔翰林獻元綱三篇帝嘗問道對曰深於道者無如老子五千文其餘徒喪紙札耳復問神仙治鍊法對曰此野人事積歲月求之非人主宜留意筠每開陳皆名教世務以微言諷天子天子重之羣沙門嫉其見遇而高力士素事浮屠共短筠於帝筠亦知天下將亂懇求還山因東入會稽剡中大歷十三年卒弟子私謚爲宗元先生始筠見惡於力士而

斥故文章深詆釋氏鈞所善孔巢父李白歌詩畧相甲乙云新唐書下同

齊抗字遐舉定州義豐人李志作高陽人同治志據本傳及府志改正少值天寶亂奉母隱會稽壽州刺史張鎰辟署幕府抗吏事閑敏有文雅累官中書侍郎同中書門下平章事贈戶部尚書謚曰成剡錄云抗昔遊越鄉閱翫山水者垂三十載初棲剡嶺後遷玉笥山末二載而登台鉉

秦系字公緒會稽人天寶末避亂剡溪北都留守薛兼訓奏爲右衛率府倉曹參軍不就客泉州南安有九日山大松百餘章系結廬其上穴石爲研注老子彌年不出與劉長卿善以詩相贈答權德輿曰長卿自以爲五言長城系用偏師攻之雖老益壯其後東渡秣陵年八十餘卒道光志云剡錄引秦隱君詩序云天寶間避地剡川作麗句亭郡守改其居曰秦君里唐改郡守爲州刺史此郡守不知何指李志引宋俊柳亭詩話云雲門山小石橋有麗句亭因秦系得名蘇

子美送張行之還越詩五雲山下石橋邊六月溪風灑而寒今正炎天君獨往松閒尋我舊題看則亭應在會稽而郡志載一在蕭山秦君里一在嵊剡中里

朱放字長通襄州人隱於剡溪嗣曹王皋鎮江西辟爲節度參謀貞元初召爲拾遺不就有書一卷全唐詩選傳

方干字雄飛新定人工詩賦始舉進士有司奏干缺唇不可與科名干遂遯跡鑑湖以詩自放嘗入剡有路入剡中和縣令陳永秩滿歸越及登樓等詩及卒門人私謚曰玄英先生唐末宰相奏名儒不遇者十五人追賜進士出身干與焉周志

賀知章字季真越州永興人性曠夷善談説陸象先嘗謂人曰季真清談風流吾一日不見則鄙吝生矣授秘書監晚節尤誕放自號四明狂客天寶初病夢遊帝居數日寤乃請爲道士還鄉里詔賜鑑湖剡川一曲既行帝賜詩皇太子百官餞送擢其子

僧爲會郡司馬賜緋魚使侍養卒年八十六乾元初以雅舊贈
禮部尚書新唐書

李紳字公垂亳州人有詩名貞元十八年紳爲布衣東遊天台過
剡令崔某座中有僧修眞謂曰君異日必當鎮此爲修吾寺元
和三年紳以前進士爲故薛苹常侍招致越中眞已卧疾使人
相告幸勿忘前言太和癸丑紳以檢校左騎省廉察涖越果符
其言僧徒悉殂謝寺更頽毁因召寺僧會眞捐錢三十萬率諸
僚施俸以飾祠宇踰月工成紳有龍宫寺紀并詩載藝文志乾隆李志

宋

竹簡字文甫十歲能文十五歲登大觀己丑進士廷試第三人徽
宗奇其才尚南陽公主政和二年有流星之變簡上疏諫上嘉

其忠晉太子少保出鎮浙東宣和二年以使遼功封淮寧伯後隨駕南渡卜居虞江高宗素稔其賢累詔徵之不起遂隱於剡以山水自娛卒葬焉道光李志　同治志按清化鄉竺氏譜亦以簡爲遷剡始祖蓋剡中竹與竺兩姓本爲一族皆簡之裔也

盧天驥字駿元政和六年以朝散郎出爲浙江提刑使明年以捕寇來剡時積雪水漲橋斷不可行盤桓剡中歷覽諸名勝富有題詠乾隆李志

陳橐字德應餘姚人合新昌以愷悌稱呂頤浩欲授爲御史約先一見橐曰宰相用人乃使之呈身耶謝不往移知台州台有五邑橐嘗攝其三民懷惠愛喪母邦人巷哭相率走行在請起橐橐力辭終喪累遷權刑部侍郎時秦檜方主和議橐爲金人多詐和不可信且二聖遠狩沙漠百姓肝腦塗地天下痛心疾首

今天意既回兵勢漸集宜乘時掃清以雪國恥否亦當按兵嚴備審勢而動舍此不爲乃遽講和何以繫中原之望檜恨之出知廣州復坐以他事降秩遂致仕在廣積年四方聘幣一不入於私室既謝事歸剡中僑寓僧寺日糴以食處之泰然也王十朋爲風土賦論近世會稽人物曰杜祁公之後有陳德應云宋史

錢杢本臨安人宣和間以祖蔭補越州司馬參軍靖康亂攜子宇之居嵊之剡源璠田里隆乾李志下同

趙士寳字若虛祖宗諤爲南軍節度使開府儀同三司豫章郡王父仲營爲崇信軍節度使開府儀同三司安化郡王建炎中士寳攜二子南渡既到行在以母在剡自行在來省遂居剡封開國侯

王十朋字龜齡樂清人紹興間與周汝士同遊上舍十八年汝士

第進士延十朋爲義塾師遠近名士多從之遊十朋亦愛剡山水日登眺以詩文自娛作剡溪春色嵊山等賦二十七年舉進士第一汝士弟汝能與之同榜後周氏一門登第者凡七人皆出十朋之門

高文虎字炳如鄞人紹興中進士累官翰林學士文虎聞見博洽多識典故嘗修國史始寓越娶剡仁德鄉周氏慶元中入剡建玉峯堂秀堂藏書寮雪廬於金波山明心寺之東麓卒葬其處周志下同

王銍字性之汝陰人紹興初泛舟入剡時梅雪夾岸幽香不斷稱非人間世也遂家焉友人廉宣仲聞之作子猷訪戴圖以寄銍善屬詩文不樂仕進讀書五行俱下有持所作投贄者且觀且置人疑其倨其實工拙皆不忘也既卒秦相子熺屬郡將索銍

所藏書許官其子銍子仲信泣拒之曰願守此書以死不願官也郡將以禍福脅之竟不能奪同治志云乾隆李志銍官樞密院編修忤秦檜避地剡中之靈芝鄉自號雪溪居士

邢達字宏甫先世河南鉅鹿人徙居山陰達舉進士累官至樞密院直學士與奸黨忤歸隱入剡游太白山樂其山水遂就太平鄉家焉慈湖楊簡誌其墓

呂棋字規叔初與姪祖謙同遊楊時門漸染陶鑄氣象迥別自壽春還嵊之鹿門朱晦翁題其居曰貴門乾隆李志　道光志　同治志按據呂氏家譜棋作大棋楊時作胡憲與此不同然譜言亦難盡信乾隆志本之周志近古不爲無徵茲仍其舊至一云以淮南安撫使致仕一云奉議大夫致仕均之未當蓋棋未聞居是職似雜其子祖璟事或是贈封闕疑可也

高似孫字續古文虎之子累官中大夫提舉建康府崇禧館贈通議大夫似孫博雅好古有父風嘉定七年邑令史安之訪似孫

作剡錄十卷而文物掌故乃備子歷字堯象累官通判溫婺等州積階朝奉郎卒葬文虎墓右歷子參蘭溪令周志下同

錢植字德茂武肅王九世孫由台州遷剡長樂鄉賑貧恤弱開義塾以訓後學閭里有爭不相下者植一言決之人稱小太邱

史仕通字國用鄞人從父必裕官金華知府秩滿經嵊愛山水名勝因家焉恩補承務郎紹定四年知贛縣卒乾隆李志

李易字順之江都人高宗駐蹕維揚策進士第一官給事中解職入剡居貴門山爲詩沈鬱精詣剡中即事吟題甚多同治志云李志作河南人宋運革晦蹟入剡考易以建炎二年進士不得云宋運革也今據宋詩紀事并周志增改

高世實字若虛高韓王五世孫由蒙城避地家剡世實受世賞累遷至訓武郎凡五任乾隆李志

元

戴表元字帥初奉化人宋咸淳中登進士乙科教授建康府元大德八年執政者薦之除信州教授後以修撰博士薦不起受業四明王應麟天台舒岳祥之門以文章大家名重東南性好山水徙嵊之剡源其葺剡居詩云休言聲跡轉沈淪百折江湖亂後身窮未賣書留教子餓寧食粥省求人坐來席避樵蘇長往處蹤迷木石鄰翻笑古來逃世者標名先製隱衣巾亦可以想其高致矣著有剡源詩文集傳世乾隆李志下同　道光志云奉化古蹟志載剡源宅在縣西七十里栢坑戴府志栢坑在剡源鄉是表元所葺之居乃奉化剡源非嵊剡源也舊志以有葺剡居詩補入寓賢傳李府志因之今姑仍其舊以存疑云

周天祥字麟之汝南人徙於杭博學有志操薦授臨海教諭元至元末隱於剡遂占籍焉

楊維禎字廉夫諸暨人爲文擬先秦兩漢詩尤號名家至正中避

兵來剡有題清風嶺王貞婦詩道光志云元史維禎由天台尹改錢清鹽場司令俄丁外艱不調銓曹者十年後除杭州四務提舉尋陞江西儒學未上汝潁兵起辟地富春山未聞其辟兵來剡也舊志云然或別有所考云

明

邵伯正汴人洪武初徙家嵊由鄉舉爲南京戶部員外郎以廉能稱尋有令江浙人不得官戶部遂謝事歸杜門好書敦族明宗纂敍圖系嵊俗爲之歸厚云兩浙名賢錄

鎦績字孟熙父渙世家洛陽後爲越人至正間薦爲三茅書院山長不赴績少負雋才無所不學後成名儒嘗入剡有遊貴門諸山詩子師邵亦嘗遊剡多題詠同治志云鎦績舊志屬宋人誤今據通志及府志改正增入其父子

錢德洪字洪甫餘姚人嘉靖壬戌進士授郎中初王文成講學世

無知者德洪一聞其概卽奮然曰此絶學將興矣遂志求之得其宗旨入剡以所學授人裘仕濂錢思邦輩皆遊其門歷宣歙江廣閒主講席二十年學者稱緒山先生乾隆李志下同

王畿字汝中先世由剡徙山陰故畿嘗往來剡中嘉靖壬戌舉進士授郎中文成高弟也見解超元入微不落階級隆萬閒王天和周震等聚徒爲慈湖書院講學會而畿南向坐師席談説開示能令人人憬省畿父經進士子應吉己卯舉人溯其上世稱剡人近且附籍焉

陶望齡字周望號石簣會稽人萬曆乙酉舊作癸酉據府志選舉志改正以第二名舉於鄉己丑會試第一廷對第二人歷官祭酒專致力於聖賢之學予告歸里每入剡與周汝登會講鹿山書院常自指膺謂此中終覺未穩汝登遺以書曰陽明書院之會望二丈儼然

臨之越中一脈雖合斷絕二十文謂望齡與弟奭齡也

祈彪佳字虎子山陰人天啓壬戌進士歷官江蘇巡撫嘗入嵊襄周汝登葬事崇禎丙子嵊大祲與劉宗周倡率越中縉紳議賑且陳請寬徵遣其友人王朝式來嵊募賑金之聲贈詩有此行能重金庭隱去後長留戴水舟句

張岱字宗子號陶菴山陰人家世通顯服食豪奢日聚諸名士度曲徵歌諧謔雜進及閒以古事挑之則自四部七畧以至唐宋說家叢殘瑣屑之書靡不該悉明末避亂剡溪家益落意緒蒼涼語及少壯穠華自謂夢境著書十餘種悉以夢名而石匱書紀前代事尤備

劉璿字靜主號沖倩會稽人賦性任俠慨然有四方之志時周海門許敬菴九諦九解彼此詰難不無異同璿合兩家刻之以求

歸一而海門契璹特甚曰吾得冲倩而不孤矣海門主盟剡水璹助之接引後進尤推入室弟子云李志補遺下同

何宏仁字仲淵山陰人崇禎丁丑進士歷知建平高要縣事丁父艱歸遂遭亂監國時授御史江上師潰棄官之剡之白峯嶺自恨不及從亡作詩投崖絕而復甦爲土人守之不得死遂入萬山中披薙作方外遊臨死出一緘留示家人令暴骸三日以彰已罪寧都魏禧慈溪姜宸英爲傳誌以表之道光志云府志引越殉義錄云越破追魯王不及過關山嶺作詩書衣帶間投嶺下死或傳入陶介山爲僧往來縉雲孝烏諸山通志則云兩京歿投台之白峯下死而復甦有土人負入陶介山削髮苦行此云剡之白峯嶺又易陶介山爲萬山中不知何據姑仍之

劉汋字伯繩會稽人甲申之變父宗周殉節汋治喪畢居剡溪之秀峯終身茹蔬服素編輯遺書寒暑不輟鄉黨咸稱之會稽縣志

清

許宏字子遠號且樸子山陰人少慧善屬對爲帖括不拘邊幅失有司繩度遂屢阨於試明亡絕意進取避地剡之仁邨愛溪山明秀居人樸茂遂挈家往寓有終焉之志順治戊子山寇起乃還越著有避地仁邨記及樂府數十篇傳於世乾隆李志下同

葉蓁字濟九上虞人寓嵊東隅康熙丁酉舉於鄉博通經籍兼長詩古文性好山水每提榼往遊多所吟詠遺有删注唐詩簡括得作者之志

沈冰壺字清玉山陰人歲貢生性孤峭喜博覽家貧借書披閱有所著述以一缸儲之往往爲人取去最熟勝國諸老軼事乾隆丙辰召試博學鴻詞僑居剡之過港丁氏家著有亢言在昔集古調自彈集詩釋瑤光子等書道光李志

漢

劉晨阮肇剡人永平十五年入天台山採藥經十有三日不得返望山頭有一樹桃取食之下山以杯取水見蕪菁葉流下甚鮮復有一杯流下中有胡麻飯屑二人相謂曰去人不遠矣因渡水行一里又過一山出大溪見二女容顏妙絕便喚劉阮姓名問郎來何晚也館服精華東西帷幔寶絡青衣進胡麻飯山羊脯甚甘美食畢行酒歌調作樂莫因止宿住十日求還苦留半年氣候和適常如三春鳥鳴悲慘求歸甚切女喚諸仙女歌吹送之指示還路鄉邑零落驗得七代子孫傳聞祖翁有入山不歸者太康八年失二人所在萬曆府志剡有桃源舊經曰劉阮入天台遇仙此其居也剡錄

三國

趙廣信陽城人魏末渡江入剡小白山受李法成服炁法又受師左君守元中之道内見五臟徹視法如此七八十年周旋郡國或賣藥出入人間人莫知也作九華丹丹成白日昇天今剡山有廣信丹井周志

晉

葛玄字孝先丹陽句容人從左元放受九丹金液仙經常服餌求長生能絶穀連年不饑嘗入剡語弟子張恭曰吾不得治作大藥今當尸解去八月十二日日中時當發至期衣冠入室卧氣色不變弟子等燒香守之三日三夜夜半忽大風起聲響如雷燭滅良久風止然燭失玄所在但見衣在而帶不解人號曰葛仙公乾隆李志下同

葛洪字稚川玄從孫也性寡慾無所愛玩或尋書考義輒不遠數千里卽崎嶇涉險期於必得尤好神仙導養法悉得玄煉丹秘術亦入剡今太白山有仙翁井皇覺寺有釣臺石梯上釣車痕其遺跡也年八十一卒顏色如玉體輭柔舉尸入棺輕如空衣世以爲尸解去所著有抱樸子一百十六篇

馬朗字子明一名溫公邑人信義重鄉黨聞茅山楊許得道傳南眞上清經法以其居接金庭天台咫尺仙府彌加崇慕元興三年許黃民避亂奉經入剡朗以禮延止宋元嘉六年許欲移居錢塘乃封眞經一廚付朗語此是仙靈之蹟非我自來縱有書亦勿與人朗珍𢍆之每有靈光現室中壽終稱茅山五代宗師保眞先生同治志云雲笈七籤許黃民字元文上清仙公翽之子上清左卿穆之孫眞誥黃民伯祖邁姑婆姑婆疑當作祖姑娥王伯聯子榮女瓊輝並得度世舊志作許丞黃民且列在三國趙廣信之前未是

齊

胡聖趙廣信弟子嘗居鹿門山之南爲九州峯之別峯山勢如鸞鳳迴翔聖疊石煉丹羽化於此傳聞蟻繞其足折其腰留半身焉今爪蟻其遺跡也時值亢暘往禱輒雨里人築翔鸞館祀之道光李志

梁

孫韜一作文韜字文藏剡人入山師潘四明參受眞法陶隱居手爲題握中祕訣門人罕能見惟傳韜與桓闓二人韜書初學楊許後學大王殊有身分有所書九錫碑及舊館壇碑在茅山太平御覽書史會要

袁根柏碩通志作杜碩並剡人嘗獵深山經一石橋甚狹而峻向絕崖崖正赤壁立徑有山穴如門既入甚平敞草木皆香有一小屋

二女子住其中年皆十五六容色甚美見二人至欣然曰早望汝來遂爲室家忽二人思歸潛去二女追還乃以一腕囊與根語曰慎勿開也歸後出行家人開其囊囊如蓮花一重去一重復至五蓋中有小青鳥飛去根還悵然而已後根於田中耕家人餉之見在田中不動就視但有殼如蟬蛻也（廣博物志）根羽化碩年九十餘方外傳之如劉阮故事（於越新編）

宋

姜洪（見壇廟）天台人父母早喪甫三歲隨其姑至剡溪清化鄉桂山之沈氏嘗入山見遺桃拾食之半味苦擲去頃之形神覺異還覓所食半桃不可得自此遂著靈異隨伴芸田獨有雲覆之或插篠地上水即湧溢明年乾道丙戌歲大旱輒能召雨六月六日卒葬於家側之黄山雷震出其尸兀立不仆鄉人舁歸奉祀

禱雨輒靈乾隆李志下同以上仙

晉

白道猷白一作帛山陰人性耽邱壑一吟一詠有濠上風永和中居剡沃洲山及五百岡有禮拜石滌巾澗遺跡後入天台建國清諸刹稱曇馱尊者嘗與道一書曰始得優遊山林之下縱觀孔釋之書適興爲詩淩風採藥服食捐痾有餘樂也

竺潛字法深隱剡山學藝淵博聞望早著晉哀帝兩遣使致之建業簡文尤師禮之劉惔見於簡文座中嘲曰道人亦遊朱門乎潛曰君自見朱門耳貧道以爲與蓬戶無異及還山支遁求買沃洲小嶺潛曰欲來當給不聞巢由買山而隱也遁慙息一云就潛買東岇山嘉泰志世說作因人就深公買岇山

支遁字道林入剡中謝安守吳興以書抵遁曰山縣閑靜計不減

剡幸副積想王羲之在會稽聞遁名見之乃定交遁還剡路由稽山羲之詣遁延住靈嘉寺入沃洲小嶺建精舍晚移石城山棲光寺至山陰講維摩經許詢爲都講賓主之辨相尋無窮有遺馬者受之有譏之者遁曰吾愛其神駿有餉鶴者曰衝天之物寧當爲耳目之玩遂放之世說支公好鶴住剡東卬山山去會稽二百里嘗經餘姚塢曰謝安石相從至此未嘗不移旬今觸情是愁耳歿葬塢中同前　張志支遁河內林慮人本姓關氏風期高亮年二十五始釋形入道王逸少在會稽遁往焉因論莊子逍遙遊作數千言王歎服之卒葬石城山今報恩寺遁有遺跡又高逸沙門傳云年五十三終於洛陽按王詢法師墓下詩序云予以寧康二年命駕之剡石城山卽法師之邱也高墳鬱爲荒楚邱隴化爲宿莽遺跡未滅而其人已遠感想平昔觸物凄懷據此則遁墓自在石城矣

于法蘭高陽人少有志操年十五精勤經典性好幽僻嘗聞江東山水剡中最奇乃東遊居剡後欲造西城求異聞至交州象林

卒張志下同

于法開與支公爭名雄辯後漸遜席遂遁跡剡下會道林在會稽講小品法開遣弟子示語攻難往返多時法開才辯縱橫以術數宏教復精醫術嘗暮行投宿會主人家妻臨產兒積日不墮法開令殺一肥羊食十餘臠而鍼之須臾兒下羊膋裹兒出

竺法支隨其師道深自南天竺來授阿毗談論一百二十卷甫一宿成誦於剡中立般若臺寺

白僧光或曰曇光永和初投剡之石城山見一石室遂止其中處山五十三年世壽一百十歲太元之末以衣蒙頭安坐而卒神還雖久形骸不朽至宋孝建二年郭鴻任剡入山禮拜試以如意撥胸颯然風起衣服消散惟白骨在焉以磚疊其外而泥之畫其形象於今尚存兩浙名賢錄

宋

竺法崇有律學精法華經居剡之葛峴山茅茨澗飲孔淳之常游山相遇留止三載法崇歎曰緬想塵外已三十年矣今乃傾蓋於兹不知老之將至也乾隆李志下同

曇斐剡人少棄家事慧基善莊老儒墨之書遊方考究經典疑義還鄉居法華臺寺學徒甚盛衡陽孝王元簡盧江何允皆師事之張融周顒並從其遊

齊

僧護剡人永明四年住石城山隱岳寺寺北有青壁千餘丈時聞管絃聲或發光如佛燄乃鐫石爲彌勒佛纔成面像齊末僧淑來繼其功至梁有始寧縣令陸咸夢沙門二人謂曰建安王染患由於宿障剡縣僧護造彌勒石像若能成濟必獲康復咸以

白王卽召定林寺僧佑因舊功鏟入五丈至天監十五年功畢像身光燄通高十丈世稱爲三生石佛云同治志按浙江通志僧淑僧祐皆僧護後身也欲備見三生事跡故并錄於此

唐

靈澈字源澄會稽湯氏子雖受經論尤好篇章從嚴維學詩抵吳興與皎然遊皎然以書薦於包佶李紓貞元中西遊京師名振輦下得罪徙汀洲自廬山入剡吳越閒諸侯多禮延之終於宣州開元寺門人還葬建塔於越之天柱峯有詩一十卷劉禹錫爲序

宋

仲皎字如晦居剡明心寺參究禪學尤好篇章交文士構倚吟閣又於寺西星子峯前築白塔結廬以居號閑閑菴宣和中與汝

陰王鋞以詩相酬有梅花賦及詩傳世張志下同

明

成權居孝節鄉坐臥繩牀數十年日誦法華經一日牀前湧蓮花大如盆人咸異之

佛進居昇平鄉日念彌陀無頃刻輟已數十年一日別大衆示滅度期人笑以爲狂頃之持鉢乞米以歸屆期衆視之危坐如常曰俟觀音大士至便逝衆益大笑曰亭午有以木刻觀音像來捨者出前所乞米設齋拜像畢遂攝衣坐衆環視之目漸合稍稍氣不息迫視之逝矣葬定心菴後

佛身居過港里童時隨父耕牧好獨坐迨爲僧究心經典字有不識則終夜長跪佛前漸自通曉與周海門爲方外交時湛然澄禪師吼震越中海門欲招之來身曰道以神契無事面承也休

寧畢居士成珪結蓮社於匡廬山延身赴主席未幾卒徒法瑞迎歸葬過港之殿山

慈航强口邨農家子也浪遊楚中薙髮栖山鎮參禪旨與密雲甚契後還剡居剡坑之西巖卒遂葬焉

明拙字古愚會稽人湛然澄禪師徒也精嚴教律入剡結廬達溪錙白向慕遂開蘭若吳孝廉顔其居曰雨花臺勤力自給不以干人至老猶荷鋤不輟年八十餘卒

智音字密聞居棠溪雅志出塵棄家薙髮受曹洞宗傳居華岡匡衆重建福感寺

張仲達居秀異坊生時有丁氏子素持齋病劇謂父曰今當爲張氏伯清子矣幸囑弗敗吾戒丁子死張氏生仲達兒時毋或食肉即終日不飲乳終身未嘗茹葷

清

通門號牧雲常熟張澄宇子也明崇禎末開法於古南提唱宗風識者以雲棲法彙比之嘗住持太白山秀水朱彝尊有詩送其行著有嬾齋集別集若干卷同治志

寧遠名淨地號友石吳門鹿城馬氏子也母張奉佛維謹隨母誦經津津忘倦年十八棄家爲僧慕湛然遺風乃遊越主明覺寺者九年振頹興廢後主雨錢寺時存者僅破殿三楹越數年而琳宮恢廓法像莊嚴觀者偉之事竣曳杖去示寂於康湖寺年八十有二僧臘六十有四建塢東山之梅花庵乾隆李志

僧翰月張氏子幼習舉業工吟詠年十九閱眞武傳有感棄家爲僧主普安教寺與朱梓廬司訓王條山掌教葉芝谷茂才以詩唱酬著有詩稿一卷語錄三卷道光李志 以上釋

方技

唐

葉簡邑人善卜筮鱗雜占驗輒奇中嘗在錢武肅王府忽一日旋風南來繞案而轉召簡問之曰此淮帥楊渥已薨當早遣弔使去耳王曰生辰使方去豈可便伸弔祭簡曰此必然之理速發使往彼若問故但云貴國動靜皆預知之王從而遣之生辰使先一日到楊渥已薨次日弔祭使至由是楊氏左右皆大驚服乾隆李志

元

呂孟倫號松雲居貴門里所著有松雲邱壑集精醫術子秉常號貞白善醫治傷寒有殊效許時用以詩贈之詩見藝文志同治志按呂氏譜秉常爲孟倫之三子父子俱以儒業醫名於時自貴門遷居羅松里舊志誤爲一人今增改

明

張遜工篆隸兼善畫禽鳥乾隆李志下同

錢濟字汝舟居邑東隅性聰慧過目成誦精篆隸書天順貢生由

寶應訓導陞唐府紀善著有扶搖集

史旦居清化鄉畫禽鳥甚精所作蘆花羣雁人愛重之

錢世莊號畏齋居長樂鄉工畫驢色態如生亦善畫禽鳥周志稱

其筆濃濁而有天趣

李河居西隅官知事善隸書張志下同

王繼儒號鵝亭山人畫禽鳥尤善蘆雁山陰徐渭贈以詩詩見藝文志

喻安憲居邑西隅畫菜翩反有致

周孕淳工詩善楷書

周燧字伯用精岐黄術濟人不論貧富概不受資道光志

袁師孔有文名善眞草書乾隆李志下同

盧雲生字玉潤居邑東隅諸生力學有孝行精楷書

楊處奇居永富鄉善形家術剡西名墓多其所定

邢元愷居太平鄉瞽目卜課多奇中

道人無名氏亦不知所自來戴華陽巾披鶴氅自言得華陀傳凡鍼藥所不能及者皆刳割湔洗以治之人未之信也長樂鄉有錢遵道者病噎不治請以醫試道人用麻沸散抹胸次割長七八寸許出痰涎數碗遵道初昏暈無所知頃之甦以膏敷割處四五日瘥噎亦愈道人不受謝去或言遵道素謹實其父有芝饒陰行云

周邦勝字凝夫善草書工詩賦射御算法精音律會稽葉應春爲撰文道光李志下同

周亮宗字好眞父龍山以醫著名亮宗傳其術受劄於太醫院備閱羣書術益精所療必愈稽山倪鴻寶作歌贈之

李應日居邑東隅業儒而目眇精岐黄術乾隆李志下同

錢德居富順鄉業儒以母病習醫有醫名

裘世滿居崇仁鄉精醫有隱德

清

陳穆卿居羅松鄉讀書通經史領府試第一方赴院試聞父病即不試而歸父卒家居授徒博精岐黄之術製藥療病全活多人年八十餘曾無倦志人稱隱君子云

姜君獻字軼簡居清化鄉官勅授山海都督同知工楷書善行草道光李志下同

喻恭校字宗夏居西隅善醫尤精痘術邑富室某延治妾子痘甚

危嫡私以金囑曰若不治請以此爲壽校佯諾之而陰囑其妾善視子痘愈使人詰校校曰此殆天命非人力也金故無恙舉以還之

沈天彝原籍山陰學問淹博偃蹇名場樂剡中山水遂居焉精岐黃術遇時疫全活甚衆

宋琳字承三國學生居西隅善醫常自製藥餌以周貧乏鄉里德之

宋希賢字天成邑庠生居西隅奭之子家貧讀書守道工琴善書法得柳公權筆意卒年九十三

盧煒字浚明邑諸生善書法尤工大草

張鳴皋字松雲邑諸生居東張工書法兼精岐黃好施藥餌人咸德之

邢樹字拂雲居太平鄉郡廩生有文名工詩能畫尤善繪蝶年三十餘卒有花卉圖考四部紫藤山館漫稿四卷

錢曰青字雨亭邑孝廉也性伉爽好吟咏嘗集蘇陸詩成帙書法出入宋四家又善蘭竹殊有生氣會修邑乘領局事書成遘疾卒士林惜之

吳子樂字德卿增生居三界善擘窠書南郡楊孝廉秘圖以善書名見樂書心折之訪其家盤桓數月惟與娛情山水間無一語及書法臨別謂樂曰公自此落筆起雲烟矣已而書法果進同治志下同

過庭訓字西溪邑諸生居金潭操行端慤工詩文善畫蘭竹尤工畫蟹時有南蘭西蟹之稱謂剡南施南榮剡西過西溪也

馬紹光字晴川居馬仁邨少穎悟失怙遂棄舉子業援例授州司

馬職性慷慨喜與士人遊雅善畫描寫花鳥皆有生趣晚年好
作詩著有澹如山房詩稿
鄭秀宇居長橋善弈時推浙中第一
吳之坤居北隅工畫宗法松雪雲林落筆俱有生趣
鄭心水竝節鄉人邑諸生工書善畫嗜古成癖每過骨董家輒留
連竟日遇名人書畫必多方購取之朝夕臨摹以故藝益精家
枕剡溪居一室左右圖書屋旁環修竹蒔雜花十餘本客至烹
茗呼酒縱論經史甚豪然性耿介愼交遊二三知己外雖豪貴
叩門勿應也體素羸多疾年三十七卒著有蓼中吟一卷
馬文桂字月槃西山樓人附貢生善繪山水同治閒修邑志繪圖
皆出其手會稽周子翼太史謂深入元人堂奥許太守雪門愛
其畫曾手書素縑長幅介嵊令易其山水同邑徐春榮觀察爲

文桂高足弟子曾以文桂所摹王石谷長江萬里圖獻諸川督劉秉璋大加賞歎尋以書來求畫而文桂已歿新纂下同

丁謙字益三丁家人諸生先是謙父病中風延醫治之卒不諱謙每自恨於是潛心醫學以仲景爲宗會稽沈子綬腰腹以下堅腫謙曰此水漲也投麻黄附子細辛湯一時許得微汗不十日脹消郭某腹痛利血四肢厥治後事矣謙投四逆湯加減有起色次日復診謙曰昨方中重用乾薑今脾脈不強得毋減去否其家人答曰然謙謂來春足當腫已而如其言其他奇症險疾賴謙起死肉骨者甚多山陰鮑寅初太史顔其室曰剡溪良醫

王棨之字恩澍號小谷又號嘯古祖景章父紹祁皆縣令有治績棨之負異秉不屑就科目繩尺詩書畫皆稱逸品使酒任俠彈琴擊劍旁及金石篆刻靡不精絶太平軍興奇士多歸之棨之

欲以才自見與兄恩溥偕詣焉久之無所遇洪楊敗遁入閩挾其技遊泉漳閒縑紙乞畫者戶外屨常滿遇佳士心許輒贈與之花鳥草蟲栩栩欲活勢豪雖厚幣不能得其尺幅也善舞劍寒光繞身下上濮水不能入某大令聞其名禮聘之槩之欣然往挈妾俱令有古琴珍品也槩之不敢請日昧旦棄妾挾琴遁令日中方覺急踪跡之越三日遇之於逆旅槩之方横琴撫玩見令至遽抱琴睨柱曰君欲璧返者寧以此首與琴俱碎矣令曰如君愛妾何曰願以相贈令無如何而返時傳爲韻事光緒九年法人犯閩張佩綸督師槩之上駕輪用礮凡三策佩綸爲之動容會和議成策不用槩之漠然無所向遂歸棄家僦僧寺以居或徜徉墟墓閒搜求古甓積盈室已忽復棄去侘傺以終

俞寶山蒼巖人習拳術解少林法聞雒陽標師張某精技勇造訪

不遇其母出欵客謂曰若骨相昂傑可教也授鍊精納氣之術由是以武藝名江湖咸豐閒洪楊軍起浙撫王有齡募兵備浙東聞寶山名聘任教練事竣退隱會稽以岐黄術濟世着手罔不效卒年七十有九子錫璠字渭濱附貢生亦習拳伎及醫術生有至性父病危嘗刲臂和藥以療之云

嵊縣志卷十八終

嵊縣志卷十九

列女志節孝　貞烈　賢媛

剡志列女旌者書舉者書生存以俟褒揚者書焉視他志例少寬矣而其義則大有裨於風教非濫也蓋古之傳列女者自劉向班昭已來至明永樂中解縉奉勅撰次之而閱者恆病其簡略其所据者史志而已爾若夫苦節多出自寒門貞烈橫罹於浩劫其事往往爲輶軒采訪之所遺故列女之見於史志者千萬中無一二焉然國史既失之略而家乘或失之濫賴有方志徵信於官牘而蒐訪於閭閻斯固中壘之嗣音而發潛闡幽之微旨矣故是編所書一仍舊志之例其名存而事佚者並附錄焉作列女志

節孝一

晉

公孫夫人佚其夫姓名以節操聞鈕滔母孫夫人爲作序贊

贊曰猗歟夫人天資特挺行高冰潔操與霜整性揚蘭房德振

玉穎猗彼瓊林奇翰有集展彼碩媛合德來緝動與禮遊靜以

義立序贊均見藝文

南北朝

韓節婦朝韓靈珍妻靈珍死母族謀奪其志朝慮被劫終身不歸

甯夫弟靈敏重其節事之如母

齊

陳婺妻少與二子寡居好飲茗以宅中有古塚每飲先祀之二子

以母勞苦欲掘去母禁而止夜夢一人曰吾止此三百餘年賴

相保護又饗吾佳茗雖潛壤朽骨豈忘翳桑之報及曉於庭內

獲錢十萬於是禱酹不輟氏年九十餘終

元

王伯煛妻袁氏早寡誓死苦節以終

竺宗海妻韓氏年二十而寡家貧藉紡績事翁姑撫遺孤編修許汝霖爲之傳

錢尙娶妻吳氏年三十五寡生元明易代之時翁莊以宦遊多累氏支應門戶教養諸子有方人咸稱之

明

張彥聰妻范氏彥明妻錢氏范名佛壽年二十一適彥聰五年生子甫匝歲而夫卒錢名德善年二十九子尙襁褓而夫亦卒家貧相與紡績養舅姑撫遺孤舅姑相繼死棺殮俱以禮會兵興喪不能舉兩氏日夜號慟鄰人憐之爲舁櫬葬先塋之側乃各

攜孤廬墓次脩祀事唯謹邑人重之名葬地曰張墅有司以聞洪武二十一年表曰雙節之門范年八十六錢年八十二合葬遊謝鄉

錢尙質妻邢氏年二十九寡性嚴毅勤於操作撫孤成立計守節三十六年

謝源妻袁氏年十九歸源事舅姑孝謹十年源卒守節課子廉登景泰甲戌進士歷官河南參議詔旌之　謝廉舊志作濂今據通志郡志改正

應源妻錢氏名宜字妙眞剡源鄉錢信一女性專靜贅源於家源歸疾卒宜時年十九偕母往祀殮哀毀不欲生母促之歸宜曰此兒家也焉歸耶朝夕哭奠已而營夫墓命造兩穴明無他志旣葬毋復促之歸勸以嫁不可合隣媼諷焉又不可毋再強遽

引繩自縊毋知其志不可奪聽歸應氏立叔氏子則民爲後與繼姑董相依以守事之甚謹宏治己酉年八十餘卒有司以聞詔旌其盧

儒士錢深妻竺氏夫以公事歿於淮氏勵松柏之操顛沛不渝夫歿時氏年三十計守節三十一年

儒士錢滂妻竺氏年三十寡性嚴正人敬憚之撫三子成立俱能讀書以淹博稱計守節四十七年

錢梓妻呂氏

錢善守妻商氏年二十九寡守節二十三年

錢楀妻張氏年二十八寡撫周歲子成立事邁翁久而能敬計守節二十餘年

錢師妻劉氏年二十寡撫姪爲嗣教養備至計守節三十四年

沈璩妻徐氏

求文慶妻張氏先後並以節聞

生員錢德黼妻謝氏年二十五寡事翁姑克誠克敬撫藐完貞後嗣克昌

錢遵寶妻呂氏年二十二寡事姑甚孝子方生撫以成立計守節二十餘年

錢禮賓妻周氏

錢如儀妻鄭氏夫故時氏年二十二守節四十四年

錢慶鸞妻史氏年二十七寡守節三十四年

姚仍妻孫氏年二十七守節姑病瘋氏謹事之始終如一成化中邑令許岳英以聞詔旌之

周璉妻俞氏年十七守志撫襁褓孤倭寇內犯歲又大祲氏紡績

供養殯備極艱辛姑疾衣不解帶者一年詔旌其間年八十卒

董和妻姜氏夫亡守志課子子行讀書成萬曆丁丑進士官御史巡按山西陜西請於朝奉詔旌表累受封典卒年七十餘

吳振宸妻劉氏早年守志萬曆間旌年八十餘卒府志作振寰

夏統妻葉氏年十九寡卒年七十八萬曆間旌

吳有本妻石氏夫病刲股不效時年二十守志終身足不踰戶外家貧郡邑歲給粟帛巡按御史謝某題旌之年八十餘卒一日題匾忽墜家人徙之他所未幾室燬而匾獨存

進士龔璉妻佚其氏以節名璉字廷器永樂二十二年甲辰進士據李志選舉志補

王瓊妻石氏新昌石彥遠女于歸四年瓊父嗣仁以事被逮瓊詣縣請代得允至京病卒子文高生三月矢志鞠養事祖姑黃姑

龔甚謹以節孝名

王慕妻陳氏年十八夫故守志

王詡妻韓氏年十八寡

王應坤妻李氏年十八寡

王莊妻張氏名玘年二十七寡

諸生王應星妻施氏年十七寡

王和賓妻姚氏

王繼還妻俞氏以上三人皆年十九守節並享高年有司表其閭

丁一松妻童氏年二十一夫亡子起説甫六齡家貧氏守志撫之

課讀成諸生天啓間邑令劉永祚表其門

裘純忠妻俞氏三乳五子志鏕志鉉志銓志銘志鑑氏年二十八

夫故欲殉五子泣免終身茹素課子不少寬假後鏕鉉補博士

弟子有聲士林清知縣羅大猷給畫荻風徽額奬之

張元國妻錢氏年二十七夫死守節知縣劉永祚奬之

張承傳妻朱氏結褵年餘夫亡撫遺腹子友應守節六十年知縣張時暘表曰節凜冰霜

邢鑑妻吳氏李志作陳氏自鑑以下諸邢俱係明人而李志與府志皆作清代今據邢氏譜改正

邢鎮妻史氏

邢鈫妻吳氏與鎮妻妯娌也皆以節孝著邑令許岳英題其居曰三節堂

邢便善妻商氏年二十一寡

邢本肅妻朱氏年二十六寡與便善妻皆無子守志邑令劉永祚鄧藩錫兩表其里

盧允中妻許氏年二十六允中任西寧衛知事死難氏疏食布衣堅持苦節撫孤成立

盧允端允中弟妻黃氏年二十四守志如其姒俱八十餘卒稱雙節焉

董能八妻黃氏會稽人夫亡無子以苦節著

姚安輝妻吳氏年二十夫亡遺腹生一子矢志守節未幾子復夭乃撫其孫備嘗辛苦卒年八十

姚學基妻王氏年二十二夫亡上有耄姑遺孤向在繈褓生膳死葬育子娶媳皆藉給十指卒年七十七

周亮清妻錢氏

周瑕妻呂氏以上三人俱年二十一守志撫孤以節孝稱

周謹妻張氏年二十六寡守志撫孤李志作馬氏今據周氏譜改

正

周亮德妻尹氏年十九夫死無子舅姑欲奪其志氏斷髮毁容誓靡他繼姪居沅爲後媳黄氏事之孝尹疾刲股合藥閭里嘉之

李廷獻妻周氏年二十二遺孕甫三月舅姑年並七十餘無伯季可依氏矢志自守小姑適新昌富室利其有屢諷之嫁謂孕未必男男未必長氏指天誓曰孕即非男男即不長吾無他志紡績贍舅姑彌月生子振才越六年舅姑相繼没小姑復諷之曰是兒孱弱未必保盍早爲計氏矢志益堅至鬻產盡凍餒交迫不惜也卒年九十小姑生四子俱暴亡及卒振才爲治殮鄉黨傳以爲鑒

李光堯母胡氏夫亡三子皆穉家徒四壁氏工紡織無膏火則拾松脂然之夜分猶聞絡緯聲貿布市棉輾轉得微利以資生活

及光堯稍長率兩弟力耕燒炭漸可自給光堯乃讀書鹿山先
爲兩弟完婚母病刲股以療及歿廬墓終喪鄉里稱節母孝子
裘純啓妻王氏年二十七寡守節三十年府志作王純啓妻裘氏
鄭郊妻王氏年二十一寡
吳梓三妻詹氏年二十一寡
鄭蕃一妻諸氏年二十七寡
鄭景六妻鮑氏年二十八寡
鄭本深妻胡氏年二十三寡守志全貞以壽終
金汝發妻鄭氏家赤貧夫亡依居母家紡績餬口饔飧恆不繼其
苦節尤倍於常云
諸生裘煒妻王氏年二十六寡課子芬補弟子員守節四十餘年
裘毓國妻袁氏年二十七夫亡撫孤成立以節著

鄭思讓妻董氏名淑英夫亡不事容飾雖親戚妯娌鮮所接見晚年持節益堅

邢堯妻商氏

邢淙妻張氏

邢鐳毋錢氏以上三人皆青年守志李志並入清代今據邢氏譜改正

張瑾妻王氏

張化妻邢氏並青年矢志府志李志俱作張侈且俱入清代今據張氏譜改正

支侃九妻張氏年十九侃九以王事卒京師氏誓不二夫撫孤成立子永昇出就外傅氏手定句讀歲饑出粟以賑

袁應吉妻金氏夫死守志

鄭式二妻何氏夫亡家貧以節著
鄭秀一妻董氏夫死守志以節著
袁祖典妻張氏刲股救姑姑病痊奉養十餘年而終邑諸生周統
　李茂先具呈由縣申憲額表其廬
訓導張軫妻姜氏以節著邑令林誠通表其門
邢浣妻張氏年二十四寡
邢克嘉妻呂氏守節邑令朱一柏表之
邢正謨妻錢氏畢姻甫四月而夫亡守節邑令文章典表之
邢于衞妻王氏
諸生邢于翰妻錢氏俱以節著邑令劉永祚表之
邢于甸妻錢氏守節邑令鄧藩錫表之
鄭忠一妻王氏年二十一夫亡守節卒年七十二邑令林岳偉表

其廬

邢叔嘉妻鄭氏

邢如登妻張氏

邢宗璞妻史氏

邢鳳鑾妻俞氏

邢克熙妻姜氏

邢開宗妻過氏

邢堯化妻吳氏

邢秉倫妻尹氏

邢大學妻商氏

邢公袞妻應氏

邢大器妻商氏

邢舜京妻竺氏
邢舜恩妻錢氏
邢舜齡妻金氏
邢良巒妻韋氏
邢正朋妻張氏
邢登起妻錢氏
邢和德妻錢氏以上十八人皆清苦守節以終
邢饒妻張氏年二十寡
邢仲溫妻相氏年二十三寡
邢林宗妻錢氏年二十七寡
邢貴琮妻周氏年二十六寡以上四人皆以節著
邢濠妻謝氏以節壽稱諸文人作詩歌以表揚之名曰表貞集

邢舜典妻周氏以節壽稱一時名公鉅卿如尚書呂光洵等皆有
詩歌裒然成集
諸生魏家鑑妻葉氏年二十五夫亡生子懋祖甫晬撫養成立爲
邑諸生卒年八十九
王珍妻范氏
王瑚妻許氏與上范氏妯娌也珍瑚並以事被逮死戍所二氏煢
煢寡居矢志堅貞奉姑撫孤以節孝著
裘仕岑妻徐氏年二十四寡守節以終
尹宜祖妻張氏年二十二寡值明季鼎革顛沛流離卒以節著總
戎姜君獻序其事甚詳
唐宗浪妻鄭氏年二十九夫亡子幼矢志撫育備歷艱辛凡四十
一年

呂士評妻史氏年二十八夫故守節三十餘年

任淵妻張氏年十八寡撫孤成立至八十歲孫曾羅列顧而樂之
笑脫其頤而卒

周霸妻錢氏年二十四夫死守節

周雹妻張氏年二十八夫亡撫孤成立子又早世與媳趙氏並以
節終

周僎妻沈氏年二十四夫死矢志子　亦以孝聞

周保妻金氏年二十三夫亡撫孤成立

周晉妻趙氏年十八夫亡矢志與姑張煢煢相依稱節孝焉

周世燦妻李氏年二十三寡有欲奪其志者引刀截髮以死自誓

周慜妻竺氏年二十夫亡子方娠自誓不二克全其終

周成綵妻錢氏年二十四夫亡撫三歲孤成立卒年八十三

周成蘭妻魏氏年二十三夫死守節
周于仁妻商氏年二十八夫故家貧孝事舅姑撫孤成立年八十一卒
周勝殷妻尹氏年二十寡矢志撫孤
周邦仁妻俞氏年十八一乳二子夫亡矢志紡績撫孤
周邦劍妻俞氏年二十四寡矢志撫孤
周邦銓妻裘氏年二十九夫亡生遺腹孤持苦節撫之成立
周明聖妻錢氏年二十七寡卒年八十三
竺鏗妻沈氏
吳伯宇妻董氏夫亡守節四十餘年周海門先生爲之傳
唐希昌妻婁氏年二十六寡矢志撫孤卒年六十三
吳誠八妻毛氏夫亡年未三十苦節以終

金允相妻倪氏守節不二

諸生喻思位妻胡氏年二十五夫亡撫遺孤又夭繼姪安辛爲嗣卒年七十嘉靖時邑侯以貞節表之據喻氏譜補入

喻恭慎妻宋氏早寡撫孤成立卒年七十餘崇禎時旌據喻氏譜補入

清

章應梁妻董氏年十八歸應梁應梁於順治五年勦賊陣亡立誓守志撫養四子成立卒年七十六

孫日恭妻吳氏順治辛卯寇掠邨落殺其夫氏扶耄舅姑逾嶺避而購骸骨歸葬未幾舅姑死氏年才二十餘繼伯氏子茹荼集蓼撫之成立及病亟父仲舉往視哭甚哀氏曰夫亡之日兒即應死徒以舅姑在堂毋亡父老苟全性命所惜者不得待父終

年耳他復何憾尋卒

錢斐章妻邢氏年二十二而寡舅姑與父母爲之議婚氏聞涕泣誓死知不可強乃立姪永和爲子撫之如所生一女適諸生邢殿馨後亦以節著並雍正五年旌

錢言貞妻周氏三十而寡撫子從教以義方處妯娌賢而有禮守節十七年卒

錢存孝妻盧氏年二十二寡舉動以禮教子有方守節五十三年

錢和祥妻邢氏年三十一寡奉邁姑四十二年無怠撫諸孤成立後孫曾繞膝計守節五十五年

庠生錢鼎誠繼室張氏夫沒時年二十五教子讀書入庠計守節且四十年

錢引昌妻過氏夫卒時年二十四奉養翁姑敬而有禮教子讀書

有聲士林計守節四十六年
錢言衡妻應氏年二十九寡守節四十八年
錢和富繼室張氏年三十四寡守節十七年
錢順俊妻周氏夫卒時年二十二守節五十五年
錢鼎熊妻邢氏年三十三寡守節二十一年
錢起華妻馬氏夫故時氏年二十五守節十餘年卒
錢芳茂妻王氏年二十九寡孝翁姑善持家守節二十八年
錢紹淩妻過氏年二十七寡守節四十四年
監生錢紹泮妻呂氏年三十三寡家遭火災又被訟累氏卒興其家業撫遺腹成立振其門祚守節五十年
錢事聖妻呂氏年三十四寡奉養孀姑二十餘年累世清節鄉閭咸敬

錢鼎迴妻馬氏年三十二寡兩孤待哺舉目無依衣食悉出十指守節三十一年
錢事恆妻過氏夫卒時氏年二十二守節撫孤教之尊師親友以成其德守節三十二年
商建仁妻袁氏年二十五寡守節四十九年
裘聖先妻錢氏年二十三寡無出繼族姪承祧食貧守節歷四十餘年
尹定宸妻王氏年二十三夫死氏勺水不入口者五日舅姑含淚慰藉乃勉進飦粥姑病無力供藥餌刲股以進病竟愈拮据爲子娶趙氏甫生一孫未幾子死孫殤姑媳相依爲命號泣之聲徹閭閈聞者爲之酸鼻卒乃並以節著
周盧氏夫思孝以貧故廢學氏盡脫簪珥請佐讀書資因從師長

樂鄉失足墜溪死氏環溪號慟欲以身殉姑史氏曰爾有孕倘生子吾兒猶不死也今俱死吾復何望亦欲從之死氏乃止彌月子生守節撫之成立

孫嘉馨妻王氏結褵四年夫病劇氏剪髮毀容明無他志及夫亡遺孕生一子年十八復夭抑鬱成疾猶日事女紅供舅姑膳宗黨憐之乃於氏之卒也爲立服姪之睿以承其祧

以上雍正六年旌

趙義日妻宋氏年二十一夫亡家貧遺孕纔七月人咸爲氏危氏泣曰生爲趙家婦死爲趙家鬼無問男女惟行吾志耳彌月生子登選撫教有方卒爲諸生守節三十五年

雍正九年旌

喻恭咸妻王氏字無非淮陽兵備道王心純孫女大司馬喻安性

孫媳也恭咸髫齡喪父母撫於外舅氏及長稱贅婿不踰年際滄桑變西陵潰兵由剡入台所至焚掠恭咸避亂逵溪病作氏聞往視已不能言惟握手訣別而已遺腹生一子無何而心純夫婦相繼死子復夭無可依持乃歸行廟見禮以姪大基爲嗣家故素封而氏屏棄鉛華布衣素食日夜事女紅未嘗稍輟年七十餘卒

宋君惟妻沈氏夫死家貧守節事姑兩繼夫兄子並夭老無所依姪驥德迎養以終

錢鼎爲妻馬氏孝事舅姑撫三歲孤成諸生建坊於城隍廟東

以上雍正十三年旌

趙子新妻屠氏早寡日夜治女紅課子家輅書甚嚴雖成諸生必督肄業弗使涉家務守節四十七年

裘孟玉妻邢氏年二十一寡無子翁姑憐其少又自傷貧窶勸他適氏引刀畫面守志終身

以上乾隆元年旌

諸生裘龜齡妻張氏夫亡遺四歲孤家貧舅姑又病風痺氏事之五年無倦容舅臨卒曰此吾家節婦亦吾家孝女也手書梗概示子若孫

吳士榛妻孫氏事翁姑至孝及稱未亡人屏棄紈綺鍵一室獨處課子熙述書未嘗稍寬假婦道母儀兩克無媿

馬建藩妻裘氏建藩貧而好學氏紡績供膏火夜分書聲琅琅與絡緯相間建藩甫補弟子員而卒氏立志守節孝養舅姑爲宗黨所稱

趙國賢妻王氏生子五歲而寡計事夫疾四年事姑疾十三年生

養死葬未嘗廢禮咸藉氏針黹所入云

以上皆乾隆二年旌

尹琦妻趙氏名靜貞年二十三夫亡斷髮誓志紡績事舅姑氏孫誑赴闕陳狀詔旌之

張孕彩妻周氏張雍起妻裘氏姑媳也周年二十二寡裘年二十七寡遺孤皆祇一歲事姑同孝撫孤同慈而膺旌典祀節孝祠亦同日

鄭懷仁妻傅氏會稽傅全芝女紡績佐夫讀雖祁寒酷暑必夜分乃寢及夫亡勺水不入口姑泣曰鄭氏一綫惟茲藐孤望爾撫養若爾死則更貽我慟矣氏含淚謝不敢乃撫孤成立終其身未嘗見笑容

馬其達妻汪氏早寡遺孕生子淩郡弱冠補諸生又夭宗黨爲繼

二子氏好施與鄉里藉以舉火者不下數十家人謂其能體翁
志翁名驊見義行傳
張學思妻趙氏年二十一夫亡長子三歲次甫匝月擬從夫地下
其父毋曰汝死則藐孤誰託不幾斬汝夫祀乎氏再拜受命守
節撫之
以上乾隆三年旌
裘存誠妻沈氏夫死遺孤孤纔八月舅姑耄而病氏截髮守志拮
据供甘旨營殯埋迨老子媳又相繼死呱呱藐孫藉撫成立年
九十六猶健飯及見恩旌云
裘思泳妻張氏嘗刲股愈姑疾相夫讀書家雖貧怡如也夫亡撫
三歲孤守節五十三年
張懋堂妻孔氏上事下接内外無閒言夫亡子啓邦甫二齡撫之

成立勉以讀書迨補弟子員始一見笑容持躬端慤宗黨化之多守節著
王世武妻陳氏事姑王孝夫病罄粧奩醫治罔效遺孤四歲紡績易米以食守節四十六年
馬其聰妻裘氏結褵未三月夫亡以姪凌雲爲嗣守節四十六年
以上乾隆四年旌
盧伯昇妻趙氏年二十而寡家無升斗儲氏織紝奉耄舅姑撫週歲兒極人世所最苦者氏備嘗之無憾色舅姑歿躬負土築墳手植松柏行路爲之感歎
樓紹顯妻周氏年二十五寡撫三歲孤口授句讀後子媳並死復鞠週歲孫鄰家火號天呼泣風忽反氏居獨全知縣顏其堂曰節保

金惟清妻趙氏夫亡舅姑復相繼死子焉一身撫匝月孤守志終身

諸生沈思齊妻黃氏年二十三寡繼姪鱗爲子提攜顧復備極劬勞至老操女工不倦彌留時笑謂家人曰我可無負亡人矣

樓于禮妻張氏幼字于禮未幾于禮瞽父母憂之女曰命也夫何言歸一年而寡又三月翁死奉姑命繼姪廷樑爲嗣守節三十一年

徐繼聲妻高氏年二十四夫病刲股不效上有兩世孀姑遺子必達纔二齡生事死葬皆一身經營之課子成諸生宗黨嘖嘖歎不可及

以上乾隆五年旌

魏良佐妻竺氏佐字翼之業儒而貧氏紡績佐不逮夫亡家益艱

難氏上奉舅姑甘旨不缺操作之餘猶課子讀書故子岱孫希聖並列名黌序而氏亦享遐齡云

史起燦妻金氏相夫讀書能修婦職夫亡姑哭之痛病幾不起氏號泣呼天刲股和藥以進得復活者七年撫子宗泮備嘗艱苦後至四世繞膝而氏年且九十矣

諸生孫楷妻黄氏篝燈佐讀歷年不倦楷死撫五月孤守節四十三年

喻大廣妻鄭氏早寡子學燦僅五閱月撫養教誨得備弟子員

郭懋達妻周氏夫亡孤纔三月念舅姑耄轉泣爲歡持家勤儉能周貧乏守節三十年

諸生裘華鯤繼妻孫氏夫亡設主榻前飲食起居必以告撫前室子潮與遺腹子海無少異潮爲諸生海亦讀書皆氏訓也

以上乾隆六年旌
諸生王肇修妻徐氏夫病刲股不效年二十無子繼姪爲嗣善事
舅姑以節孝著
乾隆七年旌
趙仲瑞妻胡氏
喻大璋妻屠氏子學鈞纔三歲撫之成立娶媳李氏生一女而學
鈞又亡守志終身
喻大琛妻馬氏年二十二夫死無子繼姪爲嗣建追報祠以祀二
代并置田二十五畝卒年八十妾丁氏亦以節著
以上乾隆十三年旌
章成紳妻呂氏年二十一夫亡矢志撫孤成立府志作成勝
沈文榮妻裘氏二十四寡苦節撫孤

張文謨妻喻氏
乾隆十四年旌
崔炯妻朱氏二十九寡守節四十二年
宋一河妻尹氏年二十九寡撫三子成立孝事舅姑人無間言
李安世妻葛氏年十九寡以節孝著
宋乾驤妻陳氏年二十六寡妾鄭生子未週歲撫之如己出敬事舅姑始終不懈守節二十八年卒妾鄭守節五十四年
以上乾隆十五年旌
任秉國妻張氏年十八夫亡守節
乾隆二十一年旌
錢肇業妻黄氏以節孝著
乾隆二十四年旌

商琳玉妻周氏年十九夫亡矢志

乾隆二十五年旌

俞成榮妻姜氏年二十五寡矢志撫孤

乾隆二十七年旌

相明行妻裘氏年二十六寡撫遺腹子啓泰

相啓泰妻裘氏年二十一寡撫周歲孤成立

以上乾隆三十年旌

支全龍妻丁氏年二十九寡以節著

乾隆三十三年旌

張家振妻吕氏年二十七寡無子繼姪爲嗣

乾隆三十五年旌

丁光被妻童氏年二十三寡家貧親老子幼藉女紅以存活

裘克思妻馬氏年二十夫亡無後矢志守節繼夫兄子忭琛爲嗣奉養姑以孝稱
以上乾隆三十八年旌
裘克昌妻馬氏
乾隆三十九年旌
史南濱妻沈氏夫故家貧清白自矢
吴乃炯妻梁氏二十一寡以慈孝著
趙景英妻孫氏二十一寡守節撫孤
監生黄球妻裘氏年二十五夫死守節卒年六十九
以上乾隆四十一年旌
周世榮妻商氏年二十七寡守節
錢世勳妻□氏夫死守節五十餘年

周斯美字仲山妻宋氏年二十二寡撫姪爲嗣苦節五十年

以上乾隆四十三年旌

尹遠照妻趙氏年二十二寡事翁孝敬無違撫遺孤教養兼盡卒

年七十三

裘肇璉妻張氏年十九夫亡守節

王惟巽妻周氏年二十二寡以壽終

裘元壽妻張氏年二十四寡善事舅姑撫孤成立

錢洪義妻朱氏年二十八寡孝事舅姑撫孤成立

以上乾隆四十五年旌

監生錢禹甸繼妻馬氏年三十寡守節五十餘年

傅武僴妻童氏年二十二夫死守節

宋全備妻呂氏年二十四寡無子繼姪爲嗣守節二十七年

監生錢紹華妻馬氏守節三十年
錢傳謨妻應氏年二十三夫亡守節三十二年
以上乾隆四十七年旌
黄正維妻馬氏年二十九寡無子繼姪爲嗣
乾隆五十年旌
章正論妻周氏
章正詳妻周氏矢志堅貞人稱雙節
張三坤妻商氏年二十夫死守節卒年八十二
以上乾隆五十一年旌
諸生王達尊妻吳氏十七都蘆田人達尊病將迎以歸父母難之毅然請往至則調藥餌三年疾瘳後五年寡
趙忠貴妻陳氏年二十五寡守節三十七年

乾隆五十三年旌

孫道璐妻姚氏年二十七寡以節孝著

乾隆五十五年旌

張承華妻周氏年十七夫亡遺腹生一子天繼子夏侯已生子矣

復天疊遘閔凶煢煢孑立婦道無虧

郭思達妻周氏

張永啓妻裘氏

汪宏邃妻鄭氏

周宣元妻金氏

汪景華妻周氏

袁肇璉妻張氏

馬宗大妻張氏年二十四夫亡守節

趙家輅妻錢氏
莫如德妻張氏
支全能妻金氏
周拱元妻袁氏嫺禮則夫亡無子繼姪爲嗣族黨咸稱之
尹文勳妻王氏青年勵志言笑不苟遠近稱之
周兆鳳妻邢氏年二十寡矢志不二以節孝終
張永培妻魏氏啓哭媳也年二十七寡至乾隆十年其子欲爲請
旌氏以姑苦節而例不得旌命其子無得上請卒年五十四
以上乾隆五十七年旌
諸生周存妻葉氏年二十七寡事舅姑以孝教猶子以義
邢訓謀妻周氏年二十一寡家貧紡績以事舅姑繼姪爲嗣
趙尙杰妻孫氏年二十一寡守節撫孤

張德達妻趙氏年二十六稱未亡人歷四十餘年如一日
張慈沛妻李氏早寡撫孤以慈節著
商永祚妻周氏年二十四寡卒年八十
裘發惠妻沈氏年二十八寡守節四十五年
張忠亮妻金氏半塘人卒年五十三
吴孟照妻魯氏年二十八寡
諸肇楷妻祁氏年二十九寡
金炳恆妻李氏年二十七寡
以上俱乾隆時旌
布理問汪大柱繼妻吴氏年二十七夫死守節卒年五十八
嘉慶二年旌
諸生尹鳳飛繼妻袁氏年二十二夫死守節

鄭樹檀妻周氏年二十五夫死守節
以上嘉慶三年旌
監生周廷颺妻俞氏年二十八寡
嘉慶四年旌
史兆貴妻宋氏年二十一寡仰事俯育辛苦備嘗治內及外井井
有條卒能植孤保產有司爲詳請建坊旌之
張顯武妻范氏年二十九寡
以上嘉慶五年旌
諸生宋一鈞妻周氏年二十四寡守節四十餘年
嘉慶六年旌
錢紹憲妻過氏年二十三夫亡守節
嘉慶七年旌

周愭廣聘妻錢氏年二十未嫁而寡過門守節卒年五十一
嘉慶八年旌
宋瑩中妻王氏年二十四夫死守節
嘉慶十年旌
劉元弁妻安氏年二十三寡
丁道烈妻李氏年二十四寡
以上嘉慶十三年旌
竺正俊妻王氏年十九夫亡守節撫遺孤事舅姑以節孝著
嘉慶十四年旌
孫尙計繼妻張氏年二十三寡
董宇治妻任氏年十九寡以節孝著
監生黃炳妻張氏年二十四寡

監生沈鶴年繼妻鄭氏年二十七夫死守志兒女俱殤撫姪爲嗣

以上嘉慶十五年旌

陳組綬妻金氏年二十八夫死守節

張樹松妻馬氏年二十五于歸月餘而夫卒謹事耄姑繼姪爲嗣

史節斐妻支氏年二十二夫亡守節

金有環妻錢氏年二十三而寡松柏之操凜然不渝持家勤儉內外井井人咸稱之

以上嘉慶十六年旌

張樹梓妻薛氏年二十六寡卒年五十九

竺銘勳妻王氏年二十八夫死守節卒年七十六

以上嘉慶十七年旌

單義亮妻周氏年二十一寡撫二齡孤成立居石門里年九十餘

卒欽旌五世同堂

王行順妻韓氏年二十二寡卒年七十九

以上嘉慶十八年旌

竺英佐妻俞氏年二十一寡

嘉慶二十一年旌

諸生沈宜文繼妻宋氏年二十五寡父母欲奪其志截髮自誓撫

前室子如己出卒年七十八

嘉慶二十二年旌

諸生邢司直妻商氏年二十一夫亡守志繼姪爲嗣勤儉持家賴

以不墜

嘉慶二十三年旌

姚自鈁妻潘氏年二十二寡無子繼姪爲嗣家貧勤儉節省漸致

豐裕建宗祠置田一十八畝爲祭祀費又建路亭一所置田五
畝零爲施茶費
尹大堯妻錢氏年二十夫死守節
以上嘉慶二十四年旌
宋敦廷妻魏氏年二十九夫亡守節
嘉慶二十五年旌
李念岳妻屠氏年十九夫故撫遺孤未幾孤殤舅姑慮其青年諷
使改適氏引刀斷指誓以靡他繼姪爲嗣撫之如己出
道光元年旌
唐人奎妻宋氏年二十九夫死守志
諸生金廷翰妻楊氏年二十一夫死守節卒年七十五
唐人喜妻魏氏年二十八夫故矢志撫子子亡撫孫上事邁姑以

節孝稱

以上道光六年旌

監生魏汝濱妻俞氏年二十一寡守節五十五年

周績順妻婁氏年三十夫亡無子繼姪亮釗爲嗣守節四十四年

童肇爵妻吳氏年二十一寡撫襁褓孤姑目失明事之惟謹

馬肇均妻鄭氏年二十一寡以節自誓

張廷標妻章氏年三十夫死守節

張廷權妻朱氏年二十四寡五十餘卒

唐元伯妻王氏年二十七寡五十餘卒

唐元溥妻單氏年二十五寡以節終

王啓孝妻張氏年二十八夫死守志卒年七十餘

邢植鰲妻劉氏年二十八夫死守節

邢植鯨妻周氏年二十三夫亡守節

監生支俊輝妻袁氏年三十寡

陳翔雲妻張氏年二十九夫亡以節自誓年五十餘卒

陳成裕妻鄭氏年二十八夫亡守節年五十餘卒

錢芳衢妻過氏年二十六夫死守志遺二子相繼夭繼姪爲嗣卒年七十餘

以上道光七年旌

鄭紹昌妻王氏嫁時紹昌已病瘵王去響飾侍疾不踰月而紹昌死無兄弟其生母蔡氏年四十餘紹昌父自傷其獨也日夜哭不絕聲王乃貸匳具爲納妾劉氏而蔡往往與劉齟齬王委曲調劑之卒歸於好厥後劉所生子舉孫男二人王以其長者爲紹昌後守節六十餘年

鄭鼎臣妻陶氏鼎臣少喪父以傭直養其弟陶來歸貸嫁衣佃田數畝力耕有餘蓄爲弟娶婦未幾鼎臣死陶年二十四一子尚在襁褓乜力手指以爲生值歲饑煮草根充腹終不假人升勺

劉氏二節紹曇妻周氏及弟紹景繼妻邢氏也周歸紹曇七年紹曇病不治泣謂周曰吾貧而無子汝勢不能久顧吾母老矣茍終事吾母卽嫁無憾周曰事姑吾分也醮而生不若餓而死君無慮焉紹曇死周立紹景之長子漢三爲後未幾紹景亦死次子漢傑才八月邢亦秉義不二家事無大小必咨稟於姑姑卒則周主之數十年相敬相愛姊娟無以過也周初寡年二十七越四十七年卒邢二十寡居五十三年漢三漢傑子孫蕃衍二節婦皆及見之焉

周夢麒妻盧氏幼孤母錢守節鞠之年十七于歸姑錢亦節婦也

夢麒病瘨無伉儷之恩每疾作輒手大杖撻盧往往嚙其面臂膚如刻劃而盧奉侍惟謹姑泣慰之則曰此新婦命也無幾微慍色夢麒病殆盧刲臂肉和糜進之少愈又數月而卒姑慼之議令再醮盧聞泣而謝曰凡姑與母所爲新婦見之熟矣必不敢玷兩姓門楣俟小叔生男終當有賴已而姑死叔無子娣亦死益無以爲活隣媼勸之嫁曰吾非不能死特以不良死無以見吾姑吾母耳單居二十年縞衣素食既病出生平所辦衣履裙襦之屬付其隣媼曰吾死乞姆以此手殮之毋使男子近吾屍又邀宗老而告之曰吾舅姑吾夫莫爲祀者先世遺田二畝舍一間苦守至今請祔先祠以儷亡人言訖而瞑

周丁氏尚化妻尚化甚貧且病瘵不能具婚禮因入贅焉丁氏貸粧奩具爲之治病不效未一年而卒誓殉焉父母嚴護之幡然

曰人固當以正命死耳乃奉尙化柩葬周氏之家尙化家無舍可棲返依母家絲麻不去手而歸其直於父父卻之跪而請曰不如此生不如死而泣不止婢曰芳鄰感丁志操誓不嫁奉丁以老初丁從父受詩在室時詠水面落花一絕識者以爲詩讖云詩見藝文志

孫成學妻駱氏善刺繡年二十四寡獨處一樓晝夜針線弗輟日可給數口姑卒有匄繡者以羅綺金線夾片紙置樓前而去尅日仍於原所取之雖鄰媼罕見其面甫三十而瞽紡纑自食

諸生吳師瑗繼妻翟氏涇縣人于歸踰年師瑗溺死翟年二十四子方在襁不一年兄師瑞弟師琬相繼死家落而事夥氏努力肩之未幾子殤以師瑞次子爲嗣又未幾師瑞之長子死娣姒相繼歿翟肩愈重行愈苦而志益堅卒長嗣子以承先祀

王逢存妻俞氏童時刲股救父既嫁夫病殆復刲股救之及夫死二子尚幼貧不能舉火有求婚者夫兄欲許之堅勿聽織作往往達旦所居在鹿胎山下相傳其地多怪一夕俞方扃戶績聞哭聲漸近俄一手掌穿窗入狀如羽扇俞正色叱之掣掌去聲亦漸息自是怪遂絕

沈祖述妻陳氏年十五遺腹生守暘家貧苦節鞠養之守暘死媳吳氏與姑同守繼一子亦娶於吳未幾又死吳復守志三世並以節著

錢俞氏夫嘉紹早卒父母欲奪其志氏遽投環救止之椎髻操作勤治女紅食拇二指抵鍼鐵者幾平其半子光諸生氏早歲持齋迨老而病光以甘脆進氏卻曰吾與汝父永訣時已矢不茹葷矣光傷母志亦茹素終身前志郡志誤作紹嘉妻喻氏

張啓㬇妻魏氏年三十三夫死子永培孱弱多病人曰毋徒自苦爲氏厲聲曰所以不即死者欲爲張氏存一綫耳無以不入耳之言來相勸勉卒年八十四

鄭金妻宋氏

喻通妻王氏並青年秉節

裘可禋妻張氏年二十四夫故子璉方五齡艱苦教育得成諸生學使姜𣙜表其廬曰節孝維風

裘日彦妻張氏早寡撫子廷器成人爲娶王氏廷器亦早死姑媳均以節終

裘繼閔妻周氏少寡撫子允登成諸生娶應氏允登亦不壽姑媳守志中丞某爲之旌表歲給粟帛

諸生金玉殿妻邢氏年十九夫故無嗣以節著

沈維賢妻邢氏年十九適沈三月而寡遺腹生男家日貧落氏紡績撫育苦節三十年

朱鼎聖妻趙氏年十九夫故遺孕生子殤茹苦自守賴女紅度日在孤寡中爲最苦者

俞廣生妻黃氏年二十八夫故撫遺孤五美矢志不嫁

俞五美妻張氏婚未期夫死無嗣姑媳苦守稱雙節焉

錢雲集妻邢氏年二十一遺腹生子誓不他適奉姑必以甘旨自食粃糠勿令姑知姑病刲股肉代藥竟得起有司表曰貞孝七十餘卒

錢子文妻吳氏青年守志

過廷用妻奚氏廷舉妻王氏皆青年守節撫孤稱一門二節

裘三策妻史氏

裘尚友妻應氏與三策妻並守苦節

諸生裘素妻吳氏年二十四寡上奉舅姑下撫二月孤矢志靡他以節孝聞卒年七十一

張茂略妻駱氏茂略自山陰徙嵊早卒內無宗黨外無戚屬氏植節撫孤辛勤操作歷四十四年漸至饒裕今雅堂張姓蕃衍皆氏所開也

史原壽妻陳氏青年守志子宗實宗範以孝稱

史家祺妻邢氏家祺病篤氏白父母請往視疾晝夜扶持者一年而家祺死氏視殮哭泣盡哀舅姑奪之不得乃聽守志後伯叔以爭繼訟誣氏中冓語氏拔刀自刎流血被體救之得不死終以節著邑諸生周光被贈詩有慷慨人爭重從容義更高句

許如朝妻葉氏年二十四而寡子夢龍生數月父母欲奪之氏堅

守苦節撫子成立年八十卒

周楞妻高氏年十九楞亡孤未晬也父憐之諷使他適便引刀自裁自是不復見逼家徒四壁旋燬於火氏處之怡然鞠孤成立年七十餘卒

尹紹信妻魏氏年二十寡

尹志本妻張氏年二十七寡

尹志尙妻韓氏年二十一寡皆守節享壽考

胡成義妻周氏青年秉節

諸生袁祖興妻張氏早寡遺二子皆夭繼一子又夭氏煢煢子立上事舅姑以節孝著年七十餘卒

周鳳岡妻邢氏

拔貢周運昌妻錢氏

周資生妻樓氏青年矢志三世守節

史佳元妻邢氏夫亡矢志事姑至孝姑疾刲股以進

喻恭豫妻陶氏會稽人幽閒貞靜有大家風年二十一寡守節五十三年

張輝和妻商氏年二十夫亡遺腹生一子以節著

周應鵾妻張氏年二十一生子未百日而寡守之至老而子復死宗黨惜之

錢熊妻邢氏

錢司治妻過氏

錢士高妻宋氏三世俱以節著

諸生周履吉妻尹氏早寡挈三歲孤廷栻依父家課讀得成諸生

周廷栻妻應氏早寡焚香禱天求得吉壤以竟廷栻之志人皆賢

之
周人璇妻邢氏年二十六寡守節終身
周之行妻錢氏早寡家徒壁立織紝外畜雞豚自給尤節中之至苦者
諸生朱霍妻裘氏霍亡無嗣氏年二十五厲志荼苦守節五十餘年
諸生相扆妻裘氏年二十五寡守志終身
周增慧妻宋氏年二十五夫亡數年子死又數年屋燬窮苦益甚而守志益堅
趙苑如妻王氏早寡遺腹生子瑞穀七歲纔離襁褓及授室而氏病請醫勿許曰吾今可見汝父於地下矣奄然而逝
杜元德妻任氏事姑至孝夫亡苦志撫藐孤至長爲之娶婦生二

子子婦並死撫孫成立

丁從啟妻周氏早寡遺孕生子炳守志四十二年炳將遵恩詔請旌氏曰吾敢以是邀名哉惟汝克繼書香吾願足矣其立志如此

孫嘉榮妻鄭氏

孫嘉尚妻孟氏

孫嘉素妻潘氏食貧撫孤以上三人俱以節著

吳含之妻趙氏早寡子甫五歲既無周親復多外侮治内及外井井有條卒能植孤保產

錢葉蓉妻周氏年二十四夫亡嚙臂誓靡他殫力奉姑並以孝聞

汪深仲妻鄭氏年二十六寡子宗琦方七歲舅姑年耄氏紡績供衣食暇輒課子讀書嫻禮則生平未嘗有疾言遽色云

童大宗妻葉氏上虞人甫廟見大宗病不半年死氏撫姪爲子久之自知死期沐浴更衣徧會宗黨欠伸而逝殮畢遠近咸聞異香

諸生鄭繼艮妻陳氏名天淑幼刲股療親歸鄭舅邁而病氏躬浣諸穢褻未嘗假手他人夫病復刲股及亡苦節自持子彥舉雍正癸卯鄉試人謂秉母教多也

丁允敬妻張氏夫亡無子以節孝著

裘纁妻胡氏年十八嫁逾月而寡

宋士獻妻尹氏士獻貧且病氏百計調治不效死之日擬以身殉夫兄士選囑妻章密護之或諷改適輒唾罵去士選嘉其志爲給衣食並以子穎章爲之後

盧宜彬妻吳氏事姑至孝守節四十六年

吳應皓妻姚氏早寡教子麟昌慈嚴並濟晚年多病麟昌衣不解
帶者二年居喪盡禮爲諸生有文名
周廷元妻金氏夫亡遺二子以節著
裘之豹妻張氏年十九寡苦節撫孤
王學舜妻吳氏年二十二寡以節著
張玉振妻李氏姑疾刲股以療年二十四夫亡守節三十三年
張在中妻李氏年二十五寡無子守節五十九年
俞國定妻葉氏年二十六夫死無子撫姪爲嗣守節四十九年
單國安妻竺氏年二十二寡守節三十七年居晦溪
張垣妻黃氏年二十一夫亡無子厲志撫姪卒年五十八
鄭文正妻王氏嫁二月夫亡守節四十三年
鄭光裕文正繼子妻蕭氏早寡守節四十五年

錢師雍妻張氏年二十一寡撫姪爲子守節四十九年
徐雲昇妻竹氏年二十三寡事舅姑孝久之繼再從姪爲嗣
鄭天瑋妻章氏嫁二年寡無可後者氏矢志不二久之始得繼子
府志作會稽人
崔貽燕妻錢氏年十九寡事翁姑孝繼姪承祀守節三十一年
趙元宰妻高氏年二十五寡以節終
宋敦禮妻葉氏夫亡守節四十八年
周績仁妻童氏年十九生子梅甫一月績仁客遊歿於旅邸氏矢志守貞姑生死倚焉督梅於學爲名諸生後梅死婦志爲父所奪又鞠童孫至於成立而其節亦苦矣
陳蘭九妻錢氏年二十五寡遺孤甫週家貧伯氏欲奪其志氏大慟曰寧死不爲狗彘行引刀自斷其髮藉女紅撫子成立

張本妻俞氏年二十五寡守節三十七年
姚靜彰妻王氏夫死守節三十八年
朱佩祖妻王氏夫亡守節四十一年
錢克化妻吕氏
鄭士圓妻周氏以上二人俱以節著
史兆融妻杜氏年二十九寡姑早逝撫幼叔嫁小姑勗二子成立
　慈嚴兼至内外肅然
史在倫妻薛氏年二十八寡
裘慶邦妻宋氏年二十八寡
唐德陞妻王氏年二十七寡
馬遠儀妻張氏年二十九寡
汪本澄妻童氏年三十寡

張溪妻馬氏年二十四寡以上六人俱以節著
諸生裘健妻張氏年三十一夫死守志足不踰戶外事邁翁克循婦道劻家政靡不周至繼姪怡蕚爲嗣撫之如己出
監生裘怡蕚妻張氏矢志撫孤
周醇暉妻張氏年二十九寡繼姪承嗣
秦忠穎妻喻氏年三十夫亡守節
秦大芝妻邵氏年二十寡據府志補遺
貢生裘鏡萬妻酈氏年二十一夫死囑指自誓繼子承祧
周隆宇妻單氏夫亡無子繼子承祧
王國茂妻周氏年二十八寡無子繼姪爲嗣
鄭德遠妻汪氏善事舅姑夫卒遺孕僅二月里嫗多勸之醮者氏輒拒之

吳維垣妻沈氏年二十五寡事親撫孤以節孝著
周時行妻林氏年二十二寡守節四十三年
裘一元妻黄氏年三十寡守節十八年卒
王宗仁妻袁氏年二十九寡事親撫孤守節三十一年
諸生沈芬繼妻馬氏年三十寡
沈莪山妻李氏年二十八寡
沈升際妻喻氏年二十四寡事姑撫孤以節孝終
裘克敬妻張氏夫亡守節二十八年
裘學化妻朱氏夫亡守節三十一年
丁燧妻周氏夫亡守節三十三年
陳彥捷妻閻氏年二十六夫死守節
裘慶泰妻張氏年二十七寡守節二十九年

周成英妻裘氏年二十七夫死守節
張錫照妻崔氏年二十八夫死繼姪爲嗣守節二十五年
鄭元震妻趙氏年十九寡卒年六十六
宋仁瑛妻裘氏年二十八寡事親撫孤卒年七十有二
陳彦斌妻景氏夫死守節五十年
錢宏源妻王氏年二十二寡繼姑病刲股以進尋愈撫三月孤成立孫曾繞膝卒年七十五
俞友臯妻王氏夫病刲股以救不效年二十九寡遺孕生子心超教養有方及心超補弟子員喜曰能繼父志吾願慰矣守節四十餘年
鄭學英妻呂氏年二十九寡以節終
姚則錦妻葛氏年二十九寡守節四十一年

宋一昌妻方氏年二十四寡以節終
王景臣妻姚氏夫亡守節六十三年
袁道繡妻王氏年二十八寡以節終
任光尙妻裘氏
王思旦妻房氏
張基妻袁氏年三十寡事姑撫子孝慈兼盡子聯奎弱冠食餼皆
毋教也守節四十八年卒
張源虬妻袁氏年二十三寡事親撫孤克勤克儉家業賴以不墜
錢貽齊妻張氏年二十三寡撫孤成立
金宗信妻裘氏年二十六寡以節終
邢孫鈞妻馬氏年二十五寡以節終
呂效德妻俞氏家貧勤女紅事親撫孤以節終

周貴顯妻錢氏年二十四寡以節終
裘忠諫妻張氏年二十九寡以節終
監生裘惠繼妻張氏年二十四嫁五月而寡悽然曰上有邁姑誰爲奉之下有二孤誰爲撫之於是節哀承字婦道毋儀兩無所忝卒年八十五
錢嘉會妻黄氏年二十五夫死守節卒年七十四
趙文綱妻錢氏年三十寡事親撫孤耄年子孫相繼出仕猶不敢暇逸以婦道自勵
諸生王之瀚妻張氏年二十一夫亡守節三十八年
黄應仁妻俞氏
鄭浩妻陳氏
錢源妻呂氏

黄廷翰妻王氏
陳賢妻俞氏
黄通理妻趙氏並以節著
沈忠發妻張氏年二十三寡
王元熢妻朱氏年二十寡卒年七十五
王楠妻鄭氏年二十寡守節至八十四卒
王有功妻李氏年二十五寡守節至七十二卒
李期稷妻儲氏年二十五寡
監生錢選妻宋氏年二十三夫亡矢志卒年八十三
張家能妻錢氏年二十七寡卒年五十八
錢勳芹妻張氏四十一都長樂人年二十九夫卒事尊章養祭無違治家雍和有禮守節五十一年

俞心沺妻張氏

沈允科妻宋氏俱以節著

張聲榮妻呂氏年二十七寡守節四十五年

張家仁妻錢氏年二十六寡守節四十年

葉克健妻周氏年二十五夫亡守志

王永茂妻張氏年二十生子未週永茂亡家貧甚伯氏欲奪其志氏誓死不從族人命玘與堂姪秀春見而憐之資其衣食後命玘秀春亡氏服衰三年以報其德迨老子孫又相繼逝煢煢一身卒年八十餘

錢士國妻周氏年二十二寡

諸生裘茂林妻金氏年二十五寡以節著

裘貽遠妻張氏年二十五寡無子矢志自勵以遺産爲祭産

諸生裘廷國妻馬氏年二十四寡以節著
裘樹柏妻馬氏年二十八寡守節四十三年
裘昭學妻闞氏年二十八寡守節四十七年
徐孝則妻尹氏年二十八寡
徐悌忠妻俞氏年二十二寡卒年五十八
陳子雲妻宋氏年二十八寡撫孤成立卒年九十六
徐鳴鸞妻孫氏年二十九夫死
王方珇妻宓氏年二十七夫死撫孤守節五十年
求明備妻張氏年二十三寡卒年六十七
姚魯占妻葉氏年二十四寡守節三十八年
張大倫妻王氏年二十八夫死守節
裘宣章妻黃氏年二十七夫死守志卒年七十四

裘宣禮妻任氏年二十八寡
裘秉桂宣禮子妻馬氏年二十一寡人稱雙節
裘定國妻馬氏年二十一夫死守志
俞成美妻陳氏年三十三寡以節終
任啓廣妻童氏年三十一寡守節以終
諸生裘與共妻徐氏年二十八矢志撫孤
監生商哲妻呂氏年三十二夫亡矢志撫孤成立
裘枋佳妻相氏年三十四寡艱苦備嘗以節著
裘枋繡妻俞氏年二十六夫死守志繼姪爲嗣
周登瑯妻錢氏年十九夫死守志
呂慶雄妻馬氏年二十四寡
監生馬祚柏繼妻王氏年四十年疑誤夫亡守志歿年七十八

馬從龍妻俞氏年二十夫死守節

張允煥妻錢氏年三十一寡繼姪爲嗣

諸生周欽哉妻唐氏年三十夫死守節

俞卽昇妻陳氏年十八夫亡守志

俞學櫟妻童氏年三十三寡以節著

俞成學妻任氏年二十八寡生二女無子繼姪爲嗣並建專祠祔祭始祖助田三十餘畝爲春秋祀事計允稱節孝二全

丁世昌妻潛氏年二十三夫死守志

裘兆鵬妻王氏年三十夫亡守節

裘慶貴妻馬氏年二十一寡以節終

裘茂宗妻黃氏年二十一夫亡撫遺腹子事舅姑以孝著

任成文妻陸氏年二十八夫亡家貧善事舅姑撫遺歲孤成立

俞其達妻張氏年二十七寡
張煥位妻胡氏年二十八寡
王樂乾妻羅氏年二十四寡
錢紹域妻俞氏年二十三寡性慈祥好施與守節三十八年
范勤功妻倪氏年二十九寡
張聲沛妻范氏年二十六寡
俞民進妻費氏年二十九寡
裘青雩妻戴氏年二十七寡撫三月孤
張漢源妻裘氏年二十六寡
王鑒炳妻葛氏年二十七夫亡僅遺二女欲以死殉舅姑曰吾邁
矣所恃惟爾於是節哀事舅姑以孝卒年七十六
王鑒煥妻竺氏年二十七寡守節至六十五歲卒

馬其組妻單氏年二十九夫亡守節
馬素瑞妻張氏年二十四夫亡守志
張泝源妻孫氏年三十夫死守志
諸生俞翰昭妻周氏年三十寡
監生俞克靜妻張氏年二十六寡
徐泉淇妻許氏年二十一夫故兄弟欲奪其志氏正言斥之姑患瘋疾在牀褥者五年事之惟謹疾革謂曰汝能守志以盡孝吾目瞑矣
閻永周妻黄氏年二十三寡卒年五十九
邢安瓚妻錢氏年二十九寡
童美玉妻葉氏年二十六撫孤守節
徐有廷妻周氏年三十三寡

黄國柱妻張氏穀來人年二十八夫死守志

黄定藩妻馬氏穀來人年二十八夫死守志

高宏鉅妻趙氏年三十一寡

錢登廷妻商氏年二十夫亡守節

馬慶濤妻張氏年三十六寡

監生鄭豐元妻杜氏年二十寡

魏馭貴妻熊氏年三十一寡

黄煥如妻張氏年二十七守節翁正中性嚴重氏承順奉養撫十月遺孤離昭列名黌序卒年七十五

諸生張光耀妻盧氏年三十寡卒年五十七

裘怡聲妻黄氏年二十六寡事親撫孤鄉黨欽其節孝

裘怡然妻張氏年二十九寡上事下撫孝養備至

監生裘忠武妻張氏年二十七寡卒年五十三
裘承信妻任氏年二十三寡
監生裘鳳池妻應氏年二十八夫亡矢志繼姪爲嗣
裘怡聖妻任氏年二十四夫亡矢志善事舅姑繼姪爲嗣
裘公俊妻吳氏年二十五寡守節四十八年
張釗妻錢氏年三十一寡守節以終
諸生張楷妻宋氏年三十一寡守節至九十七卒
邢孫獻妻過氏年三十寡歿年六十六
袁文枚妻張氏年三十四寡
邢在侯妻錢氏年二十八夫死守志
監生孫振妻鄭氏年三十二寡
張道彬妻裘氏年二十五寡

李作錡妻宋氏年三十四夫死守節

監生史家肥妻裘氏年三十一夫亡家漸落氏植節守志以女紅度日事舅姑最謹嘉慶戊寅史姓議建宗祠氏以輪塋資併紡績餘錢共捐三百金以成其事戚黨稱孝敬焉

馬子賢妻周氏年二十八寡

王森秀妻金氏年三十三苦節撫孤

吴啓龍妻孫氏年十九寡

錢士繡妻黄氏年三十六寡以高年終

錢樂聞妻王氏年三十三寡數世皆以清節著教子俾有成立至孫而慶叶鹿鳴計守節四十年

周進昌妻邢氏年二十一寡以節終

沈宏顯妻張氏年二十九寡遺孤甫晬家甚貧藉針黹以佐薪水

撫子成立卒年六十二
張元鼎妻李氏年二十二寡繼姪爲嗣
應廷揚妻周氏年二十九寡
應麟彪妻范氏年二十八夫死守節
朱承晏妻李氏年二十四寡年七十餘卒
朱廷宰妻錢氏年二十五寡以節終
張顯國妻錢氏年三十夫亡矢志
俞心和妻呂氏年二十八寡
王興武妻胡氏年三十四寡
俞安科妻王氏年二十七夫死撫孤足不踰閾
俞安詩妻徐氏年二十二寡以節終
竹興芝妻陳氏年三十寡以節終

周大章妻竺氏年二十一寡以節終
竹遇慶妻魏氏年二十四夫亡守節
黃雲雯妻馬氏年二十七夫死守節
吳之灝妻呂氏年三十五寡以節終
章肇元妻袁氏年三十二夫亡矢志
徐泉澳妻黃氏年三十夫故守節
諸生裘頌妻宋氏年三十二夫亡堅貞自矢撫孤成立
吳之瀚妻王氏年三十寡守節以卒
魏昌裔妻馬氏年二十一寡以節終
魏和謙妻孫氏年三十六夫亡矢志
魏培中妻王氏年二十六寡以節終
裘天模妻馬氏年二十七夫亡家貧事親撫孤能盡其禮

諸生唐佐妻單氏年三十二寡以節自誓
潘芳蘭妻黄氏年三十寡
鄭采薇妻徐氏年三十六守節撫孤
錢樂聯妻周氏年二十三寡以節終
沈洪濟妻史氏年二十五寡卒年七十八
徐望臣妻任氏年二十七守節撫孤
姚俊趣妻王氏年三十五寡年八十餘卒
王國治妻秦氏年二十九寡
監生陳浹中繼妻鄭氏年三十一寡卒年六十二
史瑞友妻錢氏年三十五寡遺腹生一子撫之成立茹苦含辛守
節三十五年卒
徐大興妻王氏年三十二寡以節終

俞安望妻陳氏年二十九夫亡守節
監生丁楷妻裘氏年三十二寡卒年六十七
劉志遠妻盧氏夫亡守節三十餘年
鄭憲魁妻魏氏年二十九寡守節二十餘年
錢和登妻過氏年二十六寡守節撫孤
薛見龍妻張氏年二十七寡守節五十二年
竹盛秀妻王氏年二十九寡守節三十餘年
劉能貴妻邢氏
劉順茂妻邢氏
諸生裘怡顏妻徐氏年二十九寡孝事邁姑教養二子
裘樹傑妻金氏年二十六寡無子繼姪爲嗣卒年八十二
周明聰妻尹氏年二十四寡卒年七十七

尹大受妻袁氏
王功溢妻宋氏年二十四寡
王皆宇妻趙氏年二十六夫死守志
陳昌謹妻裘氏年二十四夫亡遺孕生子矢志撫孤卒年五十八
王有化妻董氏年二十二寡撫三日遺孤以至成立且樂於義舉
造橋亠不下六七百金
薛爾俊妻陳氏年二十六寡
薛贊育妻張氏年二十七寡
諸生袁時檢繼妻史氏年二十六夫死守志
錢士徹妻張氏夫死守志四十五年
諸生裘天爵妻馬氏年二十七寡守節五十一年
朱承艮妻馬氏年二十七寡

朱高孟妻馬氏年十八夫亡守節

諸生周烈妻黃氏年二十三寡無子繼姪爲嗣以節著

張錫銓妻俞氏年二十七寡守節三十三年

張漢源妻裘氏年二十六夫死撫孤

馬紹府妻劉氏年三十寡卒年八十二

張益進妻尹氏年二十二寡孝事邁姑慈撫猶子

趙立正妻王氏年十九寡卒年六十八

張大南妻裘氏年二十二寡

徐有朝妻胡氏年二十三寡卒年七十

吳金殿妻任氏年三十五夫亡矢志

鄭采增妻婁氏年三十寡六十餘卒

張孔培妻鄭氏年二十四夫亡守志

貢生沈鶴林妾王氏年二十二寡守節十五年

　以上道光八年憲獎

應朝昌妻邢氏

張紹袞妻求氏

張元八妻徐氏

張以璘妻支氏以上四人並以節著

應國昌妻邢氏姑病刲股以節孝著

尹志祥妻沈氏年二十寡紡績撫孤

唐成雷妻楊氏守節二十七年卒

諸生呂廷遇妻錢氏嫻禮則年二十七寡課子讀書事繼姑以孝

袁八則妻王氏年二十三寡事姑撫子兩得其道

鄭京八妻婁氏早寡家甚貧親諷再醮氏堅不可撫三歲孤成立

卒年九十
呂光曦妻錢氏與側室陳俱以節著
黄正禮妻相氏年二十四寡撫孤成立
諸生裘中元妻呂氏年三十寡守節五十三年
諸生張師載妻孫氏年三十夫死撫遺孕子成立
諸生陳嘉言妻吳氏年三十寡卒年七十有九
裘志冕妻屠氏年三十五夫死守志
沈淼妻陳氏年三十而寡撫前室子如己出卒年六十四
鄭岱妻沈氏年三十七寡
鄭宏綸岱子妻馬氏年二十七寡與姑並以節著
監生邢協恕妻錢氏年三十夫死撫孤卒年六十二
沈尚淳妻鄭氏年二十四寡無子守節四十六年

邢齊銑妻周氏年二十四寡繼姪爲嗣

張允芳妻錢氏年二十六寡無子繼姪爲嗣事舅姑以孝

邢常備妻商氏年二十三寡撫子成立

錢緣會妻陳氏年二十八寡撫子龍山卒年六十七

錢龍山妻陳氏年二十五寡撫遺孕子廷標

呂福宸妻錢氏年三十夫亡守節

呂道元妻鄭氏年二十八夫亡矢志

馬有浩妻王氏夫死守節四十年

錢傳美妻周氏年二十九夫亡矢志不移撫猶子如己出守節二十餘年

周朝魁妻裘氏年二十九夫亡守節二十餘年

張錦歸妻過氏年十七夫亡撫子守節四十年

陳兆斌妻張氏年二十四夫亡事親撫孤守節三十年
宋家洽妻丁氏年三十寡撫孤成立艱苦備嘗
陳宏妻求氏年二十夫亡撫遺孤守節三十餘年
徐肇修妻宋氏年二十六寡守節撫孤
張錦悌妻俞氏年二十寡守節二十餘年
王武還妻沈氏年二十五夫亡撫未週孤成立守節五十年
沈廷藩妻袁氏年二十四寡事親撫孤
張遠定妻俞氏年二十二寡家甚貧藉女工以撫孤
李鳳鳴妻陳氏年二十七寡無子敬事舅姑守節三十年
諸生高心達妻李氏年二十九寡家貧藉女工以撫孤
汪承紋妻秦氏年二十六寡
汪承禮妻葛氏年二十九寡與上秦氏俱以節著

馬祚稱妻鍾氏年二十三寡撫遺腹孤守節三十餘年

應鎰瑾妻沈氏年二十八寡敬事舅姑繼姪爲嗣守節四十年

儒生樓大和妻任氏年二十一寡事姑撫孤以孝慈聞邑令李景韓張惟孝遞旌其閭張又題其坊聯云四年曲奏孤鸞早一子絲抽獨繭長千秋特操歸彤史一片貞心到白頭人俱以爲無愧焉卒年七十九子孫繁衍爲一鄉冠咸豐六年入祀節孝祠

戴學智妻張氏年三十寡

張增鳳妻葉氏年三十寡

錢繼隆妻張氏年二十九寡

黃正炎妻史氏年二十九寡

黃魁培妻沈氏年二十六寡並以節著

尹大愷妻金氏年三十寡守節三十餘年

尹嘉炳妻王氏年二十四寡守節四十餘年
史節歡妻黃氏年三十寡孝事病姑
王佐妻史氏年二十九夫死守節
鄭士琇妻周氏年二十八寡守節二十餘年
葉國耀妻馬氏年二十一寡孝親撫孤
監生趙師仲妻盧氏年二十八寡撫子成立子死復撫孤孫卒年七十五
袁章裁妻周氏年二十九寡事親撫孤守節四十餘年
金紹魁妻呂氏年二十二夫死矢志
沈欽治妻任氏年二十一寡無子繼姪爲嗣卒年六十七
李家琮繼妻屠氏年二十三夫亡守節撫前室子如己出
監生宋家脩妻周氏年二十四寡遺二子教養兼至守節四十六

年

童承堯妻趙氏年二十八寡家貧撫三子成立守節四十六年

周吉相繼妻汪氏年二十四夫亡撫孤守節三十年

董殿元妻張氏年二十七寡守節三十餘年殿元字宇平諸生居

　東土鄉芝塢莊子復晟

鄭祖本妻魏氏年二十八寡

鄭紹年妻唐氏年二十八寡

鄭紹祥妻王氏年三十寡與上二氏並以節著

監生高天權妻王氏年三十二寡守節三十餘年

張朝聘妻余氏年二十九寡以鍼黹自給守節三十餘年

陳復旦妻顧氏年二十六寡家貧矢志撫孤

趙允恩妻王氏性至孝幼能事親十七于歸事舅姑如父母夫病

十餘年事之惟謹及卒以舅姑年邁子未成立不得不留身以待其舅痛子之亡也病彌甚氏禱于天刲股以進病遂瘳守節四十六年

汪曰伾妻韓氏年二十四寡鞠子大祥

汪大祥妻王氏年二十寡與姑韓氏並以節著

丁士德妻張氏年二十八寡無子繼姪爲嗣持家辛勤家漸裕置田以祀先祖復念毋家無後置田數畝供祭守節四十餘年

袁德濂妻趙氏年二十八夫亡無子繼姪爲嗣守節三十餘年

崔承錦妻吴氏年二十七寡守節四十餘年

陳增智妻鄭氏年二十九寡紡績撫孤

沈崔山妻黃氏年二十九寡守節四十年

袁尚佳妻俞氏年二十九寡事親撫孤辛苦備嘗

馬祚波妻張氏年二十九寡藉女工撫遺孤
趙梓材妻陳氏年二十九寡守節二十餘年
裘世源妻劉氏年三十寡撫子成立子死復鞠二孫
裘體備妻王氏年二十九寡事姑撫孤
諸生裘鎰妻錢氏年二十六寡撫遺腹子以教以養俾得成立
裘懋熙妻金氏年二十八寡家貧如洗以節自勵
黃正高妻周氏年二十七寡食貧撫孤
黃錦槐妻安氏年二十五寡以節著
監生駱望義妻邵氏青年秉節
諸生宋聯元妻劉氏年二十七寡撫前室子如已出事病姑十餘年毫無懈志
沈明佩妻裘氏年二十六寡無子繼姪為嗣守節二十餘年

徐立禮妻任氏年二十四寡無子繼姪爲嗣事病姑十餘年無倦容守節六十餘年卒
黃錦崑妻王氏年二十三寡守節三十餘年
高心地妻汪氏年二十六寡事親撫孤守節三十餘年
張煥信妻尹氏年二十二寡撫遺腹子成立守節二十餘年
呂思傑妻袁氏年三十寡卒年六十五
貢生秦涵妻張氏年二十八寡守節至八十二卒
監生秦煥妻喻氏年二十三寡孝事邁姑繼姪爲嗣守節四十餘年
俞國楫妻商氏年二十六寡以節終
陳行炎妻周氏年二十六寡撫子忠禮至十六歲天氏自縊死鄉黨悲之

監生王元璐妻薛氏年二十九寡
丁正和妻崔氏年二十八寡嫺書史明大義冰蘗矢志著有如松軒詩草
張奎元妻盧氏年二十七寡守節三十餘年
王光德妻趙氏年二十五夫亡無嗣繼姪爲子守節五十八年
張深明妻夏氏年二十六寡
張深昆妻魏氏年二十五寡並以節著
呂福貞妻周氏夫病八年事之惟謹及卒氏年二十九上事下撫兩盡其道年六十六卒
過芝雲妻錢氏年二十一寡守節撫孤
俞寬煜妻張氏年二十六寡守節三十餘年
周慶明妻宋氏年二十七寡事親撫孤

俞發明妻趙氏年二十一寡事親撫孤守節三十餘年
薛體格妻朱氏年三十六寡矢志撫孤
薛鳳飛妻袁氏年三十五寡撫孤守節
俞紹富妻張氏年三十寡家貧子夭苦節二十餘年
裘在燊妻史氏年二十四寡撫孤守節
趙瑄妻童氏年二十八寡守節三十餘年
尹慶璐妻盧氏年二十二寡子週歲以養以教俾得入庠卒年七十餘
章兆麟妻孫氏年二十六夫亡家貧紡績撫孤艱辛萬狀歷五十八年卒
丁光采妻袁氏夫亡撫未週孤成立
謝鉅泰妻宋氏年二十八寡守節撫孤

盧明德妻李氏年二十七寡紡織撫孤

馬有龍妻張氏夫亡撫三歲孤成立

裘朝秀妻竺氏年二十八守節撫孤

張天瑞妻馬氏年二十八寡以節著

尹志節妻任氏年三十一夫亡守節

陳配高妻馬氏年三十夫亡矢志

陳配明配高弟妻張氏年十七于歸時夫病已篤旋歿哀號欲絕守節二十年卒

陳瀛洲配高子妻陸氏年十九寡撫遺孕子成立人稱一門三節

馬有烜妻袁氏年二十四守節撫子子夭復鞠孫

馬仲甫妻史氏年二十七寡

馬祚恂妻魯氏年二十六寡

馬德興妻錢氏年三十一寡俱以節著
陳德彰妻葉氏年二十五寡守節二十九年
張復振妻章氏年二十九夫亡矢志
張步洲妻裘氏刲股療毋年二十六夫亡以節自勵
張國彥妻韓氏年三十四夫亡守志
應學潮妻錢氏年二十六守節撫孤
袁文元妻陳氏年十九寡撫子章麟
袁章麟妻陳氏早寡與姑陳氏以節著
厲邦效妻陳氏年二十七寡撫六月孤敬事舅姑守節六十二年
黃雲洪妻求氏年二十二寡撫遺腹孤
相君澄妻張氏年二十六寡家貧孝舅姑撫周歲孤守節二十餘年

盧聲振妻馬氏年二十四寡守節四十年
盧聲範妻喻氏年十九寡守節三十一年
王興通妻張氏年二十九寡撫孤成立守節三十餘年
錢芬揚妻袁氏年三十寡奉邁姑以姪爲嗣守節五十三年
錢士濤妻邢氏年二十四寡守節二十三年卒
錢河泭妻張氏年二十三寡家貧事親撫孤守節三十三年
錢望猷妻史氏年十九寡守節五十餘年長齋供佛飯疏終身女
孫字呂氏以貞孝建坊曾孫女髫齡刲股療繼母亦旌貞孝
鄭嘉賢妻杜氏年二十五寡守節五十年
邢在琴妻錢氏年二十六寡家貧撫子娶媳後子亡媳他適復撫
其孫卒年七十二
錢繼泮妻周氏年二十二寡無子舅姑老勤女紅養生送死竭蹷

志勞守節五十五年

陳凝迴妻趙氏年二十三夫因父病延醫墮水死氏繼夫之志孝事翁姑撫養四男三女鄉黨稱之卒年七十七（年二十三疑有訛）

陳凝道妻袁氏年三十三寡卒年六十三

張允傑妻商氏年三十三夫故家貧紡績撫孤已娶媳生孫矣而子媳與孫又相繼夭逝煢煢無依以苦節終

李念卿妻黄氏年二十四寡事舅姑以孝無子繼嗣承祧

張開元妻王氏早寡守節五十四年

張開助妻高氏年三十寡事王姑與姑能盡其禮卒年六十九

監生馬金墀妻錢氏年二十六寡事舅姑孝撫前子如已出

張起林妻錢氏年二十一寡家貧無子繼姪爲嗣守節三十五年

張起喆起林弟妻宋氏年二十二寡無子繼姪家松爲嗣

張家松妻劉氏生一子寡年二十八哀慼之餘乃自勵曰姑賴吾夫以爲養也吾不難從亡人于地下如老幼何于是支持門戶艱辛萬狀無何二子又殤兩世孀嫠相依爲命其艱苦逾甚

張家賓繼妻應氏年二十一寡無子繼姪爲嗣卒年七十九

張聲東妻史氏年二十八寡事親撫孤

鄭福元妻杜氏年三十寡繼姪爲嗣

竺元吉妻劉氏夫亡守節四十五年

李學德妻袁氏年二十五夫亡無子繼姪爲嗣卒年七十五

錢承倫妻邢氏年二十九寡上事衰親下撫弱子

丁子靖妻夏氏年三十四寡守節二十餘年

諸生錢芳荃妻張氏年二十七荃溺死撫孤守節以終

錢芳茹妻張氏年二十七茹溺死守節至七十四歲卒

金嘉種妻王氏年二十二寡家貧撫孤守志以終
陳發貴妻董氏年三十寡家貧撫孤
童世興妻楊氏年二十七寡無子繼姪爲嗣姑耄而瞽事之惟謹
捐田供祭捐屋作宗祠
酈智葵妻王氏年二十一歸甫八月而寡撫遺腹子成立
張家遲妻錢氏年二十七夫死守節
張家通妻邢氏夫死守節二十六年
鄭一楷妻錢氏年二十一寡撫三月孤成立事邁姑以終年
沈方魁妻周氏年二十六寡年六十卒
王煒武妻潘氏年二十八寡無子繼姪爲嗣守節四十三年
閻立常妻沈氏年十八夫死守節
宋一郊妻張氏年二十六夫亡守節五十一年

陳銘妻王氏年二十六夫死守節
張深芹妻支氏年十八寡卒年六十二
張誠基妻俞氏年二十七寡
張誠夢妻支氏年二十四寡
張誠麟妻丁氏年三十一寡
張誠松妻王氏年二十八寡
張源炯誠松子妻裘氏年二十六寡
張源煌妻李氏年二十九寡
張源輝妻王氏年二十七寡以上八人俱以節著
張深忠妻葉氏年三十五夫死守節
張天璋妻樓氏年十九寡撫遺孕子永清
張永清妻黄氏年二十八寡撫遺孕子成立卒年八十五

董啟昆妻宋氏年三十八夫死守節
江加孔妻裘氏年二十九夫死守節
黄啟炎妻張氏年三十寡撫子大珍卒年八十一
黄大珍妻史氏年三十三寡撫子光焯成立以高壽終
黄光焯妻張氏年三十五寡
竺安邦妻俞氏年三十八夫亡矢志
邢孫貽妻錢氏年二十八寡
邢羣昌妻張氏年二十七寡
邢在卿妻錢氏年三十寡
邢羣歌妻周氏年三十二寡以上四人俱以節著
陳光被妻張氏年二十四寡
陳達先妻錢氏年二十四寡俱以節著

黄兆登妻張氏年二十九夫亡守節
王奇章妻陳氏年二十四夫亡矢志
黄明相妻邢氏年二十三寡以節著
袁茂芬妻俞氏年二十八夫亡守節
沈宗文妻俞氏年二十寡守節三十四年
沈宗強妻馬氏年二十五寡苦志自勵
陳世倓妻俞氏年三十一寡
陳世經妻唐氏年二十六寡俱以節著
陳奇盛妻宋氏夫死守節五十餘年
陳永明奇盛孫妻王氏
陳文岱永明子妻尹氏
陳茂材文岱子妻張氏四世節孝

張開貴妻吳氏年二十五夫死守節
黄端表妻竺氏年三十四寡事姑撫孤以終
丁成才妻張氏年三十三寡以紡績事邁姑撫幼子卒年七十九
尹大堯妻喻氏年三十三寡享年六十三
傅祖烜妻鄭氏年二十七寡事親撫孤人無閒言
尹大鳳妻周氏年二十九寡以節著
諸生宋培基妻金氏年二十一夫死以節終
諸生張聞遠妻范氏年三十二夫死守節
吳子禮妻陳氏年二十九夫亡紡績度日矢志堅貞
張聲斌妻孫氏年三十一夫亡守節
應德昭妻蔡氏年二十五夫亡守志
劉本榮妻邢氏年二十七夫亡守節

張起鐘妻李氏年二十九寡以節終
陳則先妻裘氏年二十四寡以節著
相耀春妻張氏年二十五寡
相耀嘉妻竺氏年二十七寡俱以節著
董家元妻張氏年二十六寡矢志自守
周學悌妻樓氏年二十四寡以節自誓
酈有富妻裘氏年二十七寡以節著
張武烈妻曹氏年二十七夫亡守節
葉用楷妻劉氏年三十寡以節著
張盛行妻金氏年二十二寡苦節撫孤
周孝廊妻鄭氏年二十二夫死守志
祝豎貴妻黄氏年二十三夫亡矢志

祝豎千妻俞氏年三十三夫亡與側室李氏年二十五撫遺孕子以清白自矢
張立英妻黄氏年二十七夫亡家貧遘姑又逝辛苦顛連撫孤成立娶媳生二孫而兒媳又相繼死復鞠遺孫老而愈苦卒年七十九
史義春妻徐氏年二十八夫亡矢志事遘姑撫遺孤各盡其道
張聖備妻李氏年三十夫亡五子俱幼氏紡績撫養賴以成立
劉從彪妻尹氏年二十五寡事遘姑以孝教繼子以義
龔子良妻盧氏年二十七夫死守節
張道一妻陳氏年三十一夫亡守節
吳正欽妻李氏年二十八寡事親撫孤
張生浩妻鄭氏年二十三寡撫遺孕子

王士位妻趙氏年十九寡矢志撫孤
張本瑞妻姚氏年十九寡繼姪爲嗣
邢啟江妻鄭氏年二十七寡苦節堅貞
高允標妻喻氏年三十寡紡績撫孤
張忠遠妻周氏年二十七寡以節終
張有祿妻陳氏年二十一寡撫遺孤
諸生馬鋼妻陳氏年二十九寡上事祖姑下撫週歲遺孤以節終
馬其珍妻周氏年二十五寡卒年七十一
劉聖輝妻張氏年二十八寡以節著
沈廷元妻李氏年二十一寡紡績守志至死不變
任守仁妻吳氏年二十五寡教子成立
喻之震妻周氏年二十八夫死守志

何文俊妻張氏年二十七矢志守貞
黃孔勷妻張氏年二十六寡以節著
監生黃仁榮妻張氏年二十三寡以節自誓
黃仁鈐妻張氏年二十五節著志堅
夏愷瑅妻張氏年二十七夫亡守節
傅祖說妻張氏年二十九寡紡績自誓
諸生尹兆隆妾黃氏年三十三生子嘉誨未百日而寡事嫡撫孤
勤勞備至
尹慶安妻張氏年三十二寡以節終
陳士相妻王氏家貧年二十五寡遺二子辛苦萬狀俾得成立已
授室生子乃相繼逝媳又一死一醮里諺云縣前陳寡婦一生
磨豆腐撫子復撫孫愈老而愈苦其節亦可概見矣

張仁起妻金氏年二十寡撫子霞錦卒年七十二
張霞錦妻裘氏年二十寡事姑撫子動無踰禮卒年五十三
趙緒棠妻許氏年二十九寡
趙緒淵妻王氏年二十六寡以禮自守
馬守政妻黄氏年二十九寡卒年七十二
丁國相妻呂氏年二十七寡事親撫孤以終
蔣進城妻金氏年二十一寡繼姪家盛爲嗣卒年七十一
蔣家盛妻王氏年二十九寡無子克繼姑志以姪爲嗣卒年六十
三
張繼綱妻周氏年三十寡矢志撫孤
石成崐妻王氏年三十夫死撫孤
裘佩勝妻馬氏年二十一寡家貧苦守至八十歲卒

沈宜槐妻徐氏年三十一夫亡守節
監生喻學望妻王氏年二十九寡守志撫孤
陳清侯妻李氏年二十八寡事親撫孤以終
金宗聖妻鄭氏年二十八寡事舅姑撫姪大鏞爲嗣以節孝著
諸生王大賓妻竺氏年二十九寡矢志撫孤
金朝君妻高氏年三十寡以節終
王才福妻黄氏年三十夫故守節
胡芝秀妻王氏年十九寡撫遺孤孤復夭謹事邁姑以節孝著
胡天培妻王氏年二十六寡事姑以孝
胡天威妻王氏年二十一寡父母欲奪其志氏誓死靡他卒年五
十八
諸生金世豪妻袁氏年二十五夫亡撫孤以節終

笠學禮妻王氏年三十一寡植節撫孤

王至剛妻姚氏年二十夫死撫孤孤夭繼姪爲嗣以節孝聞

俞存紀妻袁氏年二十寡繼姪爲嗣以節終

王權玖妻馮氏年二十八寡孝事翁姑義訓子女

麻賢盛妻劉氏年二十八寡事舅姑撫遺孤守節四十年

沈大豪妻胡氏年二十五夫亡撫子守節五十九年

唐國二妻宓氏年二十二寡守節撫孤

王善述妻盧氏年十九夫亡守節

周燮臣妾王氏年三十四寡事嫡以禮撫嫡孫孫夭又撫其子

陳文英妻呂氏年二十一夫亡守節

王懋忠妻樓氏年二十八寡事親撫孤

費雲堯繼妻袁氏年三十二寡事姑撫子

劉國道妻厲氏年三十寡教子成立
斯仁通妻錢氏年二十六寡矢志撫孤
史節斌妻袁氏年二十七寡夫死守節
陳昌環妻張氏年二十一寡繼姪爲嗣
裘祥英妻樓氏年三十寡
相光法妻葛氏年二十七寡卒年八十一
王元璧妻盧氏年三十寡
沈一昌妻任氏年三十二寡事親撫孤
沈廷璧妻姚氏年三十三夫亡植節
沈廷章妻王氏年三十夫死守節
諸生周建用妻尹氏年二十七夫亡矢志撫孤成立
監生周協用妻袁氏年二十九寡

徐立紀妻裘氏年三十七寡以節著
竺正財妻高氏年二十八寡事姑撫子
裘祥通妻錢氏年三十寡家貧藉女紅存活
魏咸春妻周氏年二十七寡
竹裕青妻汪氏年二十八寡事親撫孤
袁漢章妻王氏年二十三寡
馬國謨妻趙氏年二十八寡矢志守節孝事舅姑
王元璨妻高氏年二十九夫死守志
汪本仁妻袁氏年二十寡撫遺孤成立
吳錦運妻丁氏年二十七寡事姑教子以節孝著
宋天發妻黄氏年二十六寡夫死守志
宋天癸妻陳氏年三十六寡卒年七十二

高敬祿妻趙氏年二十五夫亡守志歷三十五年而卒
沈正儀妻俞氏年二十九夫亡矢志
楊友琴妻袁氏早寡守節年四十八年
陳肇濱妻王氏年三十五寡守節三十餘年
汪立亨妻王氏年二十四寡守節二十六年
陳世泰妻吳氏年二十八夫死守節
鄭宜椿妻王氏年二十五寡守志撫孤
朱培達妻趙氏年二十三寡歷三十三年卒
姚自鈺妻儲氏年二十七夫亡守節
馮零三妻鍾氏年十九寡撫遺孕子成立卒年八十餘
吳才煥妻鄭氏年二十寡事親撫孤守節五十五年
王開英妻黃氏年三十二夫亡守志

徐開化妻王氏年二十七夫死事親撫孤

任克大妻沈氏年二十八寡無子繼姪爲嗣紡績事舅姑以其餘

資置田歸宗祠作祭產卒年八十九

汪生智妻徐氏年三十一寡

汪立賢生智子妻諸氏年二十七寡

汪本霖立賢子妻童氏年三十九寡一門三世俱以節著

夏廣燊妻黃氏年二十五夫死守志

邢能江妻袁氏年二十四寡以節著

劉天美妻董氏年二十九寡事親撫孤守節三十八年

童其泰妻徐氏年二十四寡以節著

張廉翰妻王氏年二十六夫死守志

趙國泰妻陳氏年三十二寡

李道原妻石氏年三十三寡
貢生俞睿庭繼妻謝氏年二十八夫死守志
劉國珍妻過氏年三十一寡上事衰姑下撫弱息艱苦萬狀守節
二十餘年
錢楫茂妻邢氏年二十八寡植節五十餘年僅一女以姪爲嗣
陳家棟妻張氏年三十三寡
王元璨妻高氏青年矢志以節孝著
袁鍾秀妻尹氏年二十五夫亡守節
袁繼海妻黃氏年二十五寡
王盛明妻鄭氏年二十三夫亡守志
王文錦妻裘氏年二十一寡八十一歿
王聰惠妻魯氏嫁未及週夫亡撫姪爲嗣

諸生茹啓相妾張氏年十九守節撫孤
王敬乾妻丁氏年三十寡守節四十四年
王方美妻魏氏年二十七寡守節四十二年
黄存亮妻李氏年二十七夫亡守志撫孤
楊大興妻王氏年三十寡
韓廷秀妻裘氏年三十一寡以節終
胡月江妻趙氏年二十九寡勤紡績撫孤成立
　以上道光八年邑令給額獎表
陳懷瑾妻沈氏年二十八夫亡守節
陳承訓妻龔氏年二十一寡以節著
杜士銘妻金氏年二十九夫亡矢志
　以上道光八年儒學給額獎表

諸生莫福慶妻張氏居東土鄉少寡訓子之瑞乾隆甲申歲貢
馬其陞妻張氏居仁邨年三十寡撫子銓學成諸生歿年八十九
馬錫學妻朱氏居仁邨年三十寡歿年四十九
唐職后妻竺氏居棠溪莊
以上道光九年旌
張錦第繼妻俞氏居璞巖莊年二十一寡
道光十四年旌
諸生竺秀春妻董氏居查邨年二十六寡孝事翁姑撫子成立歿年六十七
裘嗣周妻史氏居裘巖
裘懋智嗣周子妻韓氏姑媳嗣徽
道光十六年旌

張朝品妻錢氏居城中年二十八寡家貧撫孤歿年八十五

道光十七年旌

錢宏華妻丁氏

裘晉泰妻陳氏年三十寡計守節三十六年

道光十九年旌

張仁炳妻錢氏年三十寡歿年四十九

張源煌妻李氏並居清化鄉年二十九寡計守節二十四年

唐職方妻丁氏居棠溪莊撫三月孤成立建橋施茗恤貧濟困不

吝其資四世同堂以高壽終

道光二十四年旌

馬秉艮字既閑妻裘氏居仁邨

馬楠佳秉艮子妻許氏姑媳嗣徽

俞學梁妻童氏居遊謝鄉年二十九寡善撫猶子以壽終
江學憲給節邁懷清扁額以奬之
監生郭可霖妻錢氏居積善鄉前王莊
陳翔雲妻張氏居德政鄉
陳成裕妻鄭氏以上三人並青年早寡守志撫孤
諸生袁繼峰妻尹氏居招龍橋年二十六寡歿年八十一
陳基遠妻林氏居蔣家埠
監生吳宗傳妻陳氏年二十四歲適吳才三十八日夫亡善持家
政好施與建寶積菴咸豐乙卯卒
王植三妻陳氏居城中乾隆時人
以上道光三十年旌
裘立襄妻張氏少寡奉養翁姑撫孤成立

裘兆玭妻俞氏夫死撫子子死撫孫一身三歷其艱允稱苦節
諸生裘煒妻王氏青年守志撫孤以終
裘純啓妻王氏年二十七寡
裘協全妻王氏守志撫孤
裘宏猷女大姑適孟氏數月而寡無周親歸依母家矢志六十餘
年歿
監生裘廷臣繼妻張氏年二十四歸裘甫五月夫亡枕尸慟哭勺
水不入口者五日尤善邁姑能得懽心
裘會清妻俞氏孝事邁姑嘗割股肉療翁疾鄉里賢之
裘克義妻馬氏苦志守節孝事翁姑
裘高雲妻馬氏早寡貧懦自安紡績度日
監生裘兆楠妻蔣氏

裘世恩妻陳氏

裘光芝妻宓氏

諸生裘　邑繼妻沈氏

裘光時妻相氏以上五人並青年守志以終

裘經遺妻任氏年二十七夫亡守節

史濟豫妻錢氏年二十一歸史半載夫亡事姑撫姪以終

監生裘經通妾徐氏年二十九寡　以上並居崇仁鎮

郡庠生裘輕美妻尹氏志節烈苦凜若冰霜邑令戴侯椿給扁額

以上道光年間旌

馬天爕妻張氏居城后莊

董家元妻張氏居陸家莊

監生李賢濬妻朱氏居禮義鄉早寡守志年八十六卒

監生丁楷妻裘氏撫二子俱克家艱辛備歷者二十六年朱學憲
給一生苦節額
屠長春妻葉氏居東大灣
孫凝神妻裘氏早寡幽閒貞靜頗有淑德
孫芳域妻王氏居孫墺養姑撫子
章益清妻王氏
諸生裘恆智妻舒氏居棲巖莊
諸生李如鎬妻林氏居塘邱莊守節以終
張式錟妻任氏居中湖蔭莊
張昌松妻王氏居東張莊
以上道光年間憲獎
嵊縣志卷十九終